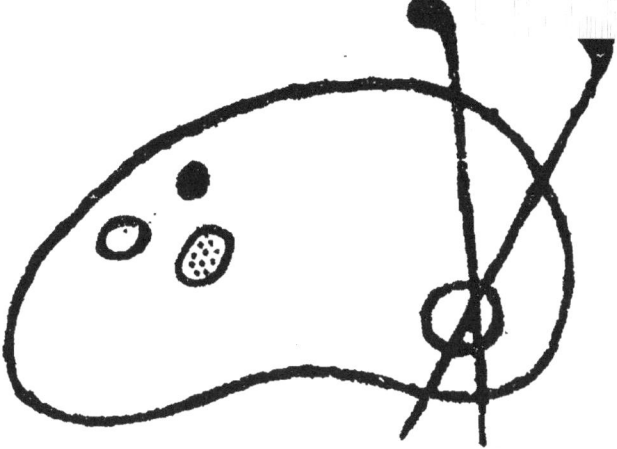

Début d'une série de documents en couleur

LÉON TOLSTOÏ

Bonheur Intime

TRADUCTION DE LOUIS DE HESSEM

PARIS
ERNEST KOLB, ÉDITEUR
8, RUE SAINT-JOSEPH, 8

Tous droits réservés

A LA LIBRAIRIE E. KOLB
ET CHEZ TOUS LES LIBRAIRES

COLLECTION A 3 FR. 50 LE VOLUME GRAND IN-18 JÉSUS

PHILIBERT AUDEBRAND.	Léon Gozlan	1 vol.
ODYSSE BAROT	Les Usuriers de Paris...........	1 —
ÉMILE BLAVET	La Princesse rouge	1 —
—	Dent pour Dent	1 —
FORTUNÉ DU BOISGOBEY	Rubis sur l'Ongle	1 —
OLIVIER CHANTAL	Flora Fuchs	1 —
GUSTAVE CLAUDIN	Le Mariage de la Diva..........	1 —
—	Les Sabots du Comte Brocoli....	1 —
DANIEL DARC........	Joyeuse Vie.....................	1 —
—	Les Femmes inquiétantes et les Maris comiques.................	1 —
ERNEST DAUDET	Gisèle Rubens	1 —
CAMILLE DEBANS......	Les Duels de Roland............	1 —
PIERRE DECOURCELLE .	Le Chapeau gris................	1 —
—	Un Mariage à Mazas............	1 —
—	Deux Marquises	1 —
HENRI DEMESSE.......	Monsieur Octave................	1 —
—	Le Stigmate rouge...............	1 —
LOUIS DEPRET........	Le Premier Ami.................	1 —
JEANNE DUCHARME ...	La Sirène	1 —
JULES DE GASTYNE ...	Le Garçon de Jeu...............	1 —
LÉON GOZLAN........	Aristide Froissart	1 —
—	Les Nuits du Père Lachaise.....	1 —
LOUIS DE HESSEM	Les Confessions d'une Comédienne.	1 —
—	L'Œuvre de la Chair............	1 —
ARSÈNE HOUSSAYE ...	Les Comédiens sans le savoir....	1 —
INAUTH	Cancans de Plage	1 —
GASTON LEBRE	Causes grasses et Causes maigres	1 —
CHARLES LEROY	Les Scrongnieugnieu du Colonel Ramollot.......................	1 —
—	Les Finesses de Pinteau........	1 —
GABRIEL LIQUIER.....	Le Sacrifice de M. Bajolein.....	1 —
FIRMIN MAILLARD	La Légende de la femme émancipée	1 —
GEORGES MALDAGUE ..	Sans Pitié......................	1 —
JULES MARY	L'Ami du Mari.................	1 —
—	La Marquise Gabrielle..........	1 —
—	Les Amours parisiennes.........	1 —
—	Le Baiser......................	1 —
—	Roger-la-Honte.................	1 —
—	Mère coupable..................	1 —
GUY DE MAUPASSANT .	Contes de la Bécasse...........	1 —
CHARLES MÉROUVEL ..	Thérèse Valignat...............	1 —
—	La Rose des Halles.............	1 —
—	Cœur d'Or......................	1 —
FRANÇOIS OSWALD....	L'Assassinat de la ligne du Havre	1 —
—	André le Justicier..............	1 —
GEORG. DE PEYREBRUNE	Les Roses d'Arlette............	1 —
YVELING RAMBAUD ...	La Vertu de Mademoiselle Brichet	1 —
JULES DE SAINT-FÉLIX.	Cléopâtre et les Filles du Nil.....	1 —
ARMAND SILVESTRE .	Joyeusetés galantes............	1 —
—	Contes incongrus et Fantaisies galantes.......................	1 —
CLAUDE TILLIER.	Mon oncle Benjamin.....	1 —

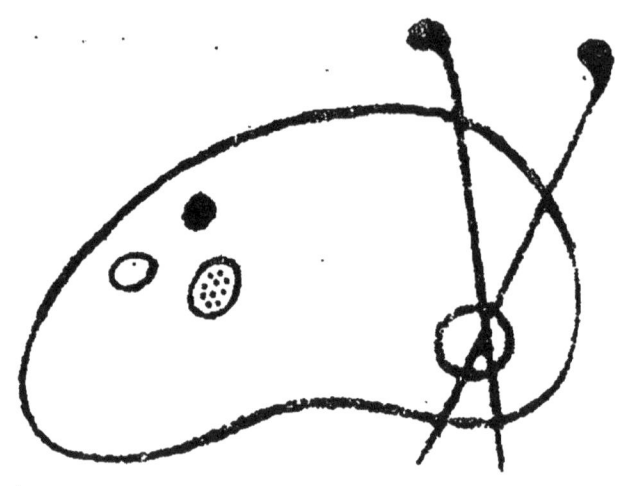

Fin d'une série de documents
en couleur

BONHEUR INTIME

DU MÊME AUTEUR

QUELLE EST MA VIE

Traduction de Émile PAGÈS et Alexandre GATZOUK

1 volume in-18 jésus, 3 fr. 50

ÉMILE COLIN. — Imprimerie de Lagny

LÉON TOLSTOÏ

BONHEUR INTIME

TRADUCTION DE

Louis DE HESSEM

PARIS
ERNEST KOLB, ÉDITEUR
8, RUE SAINT-JOSEPH, 8

Tous droits réservés

BONHEUR INTIME

I

Nous étions en deuil de ma mère, morte au dernier automne, et nous passions l'hiver à la campagne, Katia, Sonia et moi.

Katia était une vieille commensale. Elle avait été notre gouvernante et nous avait toutes élevées. Et en ce qui la touche, mes souvenirs et mon affection datent de si loin qu'il m'est impossible à moi-même de déterminer où ils commencent.

Sonia était ma sœur cadette.

L'hiver fut triste et morne pour nous, dans notre antique maison de Prokovsk. Parfois, le vent était si grand, le froid si âpre, que la neige s'amoncelait jusqu'à la hauteur des fenêtres ; les vitres étaient ternes et couvertes de givre le plus souvent, et de toute la saison nous ne pûmes pour ainsi dire ni sortir ni risquer une promenade. Nous avions rarement des visites, et les personnes qui nous en faisaient n'apportaient ni gaieté ni animation chez nous. Toutes prenaient des airs dolents, parlaient à voix discrète, comme tenues dans la crainte de réveiller quelqu'un ; elles se gardaient bien de rire, mais en revanche soupiraient, pleuraient même à l'occasion, surtout si elles venaient à apercevoir la petite Sonia, vêtue de noir.

Dans la maison, tout rappelait encore la

mort ; l'atmosphère était comme saturée de tristesse, imprégnée des horreurs du trépas. La chambre de ma mère restait close, et, tout en éprouvant une douleur aiguë à l'aspect de cette porte fermée, quelque chose me poussait à jeter un regard dans cette pièce quand je passais devant, chaque soir, pour gagner mon lit.

Je comptais alors dix-sept ans, et ma mère était sur le point d'aller se fixer à la ville pour y terminer mon éducation, lorsque la mort la surprit. Le chagrin que je ressentis de cette perte fut très grand. Néanmoins, j'avouerai franchement que, malgré ce chagrin, il m'eût été très pénible, à moi qui étais jeune et que l'on disait belle, de passer un second hiver à la campagne, dans les mêmes conditions de solitude et de désœuvrement.

Enfin, vers la sortie de l'hiver, ce sentiment de désolation, d'isolement et d'ennui, pour être sincère, devint tel que je ne quittai plus la chambre, négligeant la lecture et abandonnant mon piano.

Si Katia m'excitait à réagir, à m'occuper de telle ou telle chose, je répondais : Cela ne me dit pas, je ne puis pas... mais intérieurement j'ajoutais : A quoi bon ? Pourquoi faire ceci ou cela, si mes plus belles années doivent s'écouler dans cette existence stérile ? A quoi bon ! Et à cette question je ne trouvais d'autre réponse que des larmes.

On m'a dit qu'à cette époque j'avais beaucoup maigri et enlaidi : cette circonstance me laissait alors complètement indifférente. Pourquoi et pour qui aurais-je pu m'en préoccuper ? Il me semblait que ma vie entière était vouée à cet isolement et à cet ennui mortel auxquels je n'avais ni la force ni le désir de m'arracher. L'hiver approchait de sa fin, lorsque Katia prit de l'inquiétude à mon égard et résolut de me faire voyager, coûte que coûte. Mais il fallait, pour ce faire, de l'argent ; or, nous savions à peine ce qui nous revenait par suite du décès de ma mère, et nous attendions de jour en jour notre tuteur, qui avait l'intention d'examiner et de régler nos affaires. Enfin, ce tuteur arriva en mars.

— Grâce à Dieu, dit une fois Katia comme j'errais de chambre en chambre, le cerveau vide, le cœur mort, grâce à Dieu ! Serge Michaïlovitch est ici. Il a fait prévenir qu'il dînerait avec nous. Secoue-toi un peu, ma chère Macha ; que penserait-il de toi autrement ? Il vous aime tant toutes les deux.

Serge Michaïlovitch était notre proche

parent ; de plus, quoique plus jeune que mon père, il avait été très lié avec celui-ci. Non seulement sa venue modifiait tous nos plans et nous assurait la possibilité de quitter le pays, mais de tout temps j'avais été habituée à le chérir et à le respecter ; en me donnant le conseil de « me secouer », Katia savait fort bien que, de toutes nos connaissances, Serge Michaïlovitch était la personne devant laquelle j'eusse le plus regretté de me montrer sous un jour défavorable.

Mon affection pour lui n'avait rien de commun avec celle que tous à la maison lui témoignaient, depuis Katia et Sonia — sa filleule — jusqu'au dernier des domestiques ; ce sentiment avait pris pour moi une importance exceptionnelle après un mot que ma mère avait prononcé en ma présence. Elle m'avait dit : C'est un mari comme lui que je voudrais pour toi. Le souhait m'avait semblé bizarre, voire même désagréable, car mon idéal avait une autre tournure. Ce héros de mes rêves était jeune, élancé, maigre, pâle et mélancolique ; au contraire, Serge Michaïlovitch n'était plus un jeune homme, il était grand, vigoureux et toujours gai, suivant ce que j'avais remarqué. Néanmoins, ce mot de ma mère n'avait pas été perdu pour moi. Six ans auparavant, Serge me tutoyait, jouait avec moi et m'appelait sa « petite violette », et ce n'était pas sans une certaine frayeur que parfois je m'étais interrogée sur ma conduite probable pour le cas où il voudrait faire sa femme de moi.

Serge Michaïlovitch parut peu de temps avant le dîner, auquel Katia avait ajouté un plat d'épinards et un gâteau à la crème pour la circonstance. D'une fenêtre, je l'avais vu arriver en traîneau ; mais à peine avait-il tourné l'angle de la maison, que je courus au salon pour n'avoir point l'air de le guetter et de l'attendre.

Mais quand j'entendis sa voix sonore, ses pas et ceux de Katia dans le vestibule, je ne pus y tenir davantage et j'allai à sa rencontre. Il avait la main de Katia dans la sienne et causait avec elle, tout en souriant. En m'apercevant, il se tut et resta un instant immobile à me considérer attentivement, sans me saluer. L'embarras me prit et je me sentis rougir.

— Est-ce bien possible que ce soit vous, vraiment ? dit-il enfin avec sa cordialité habituelle, et, se dégageant, il vint à moi. Peut-on se transformer à ce point ! Hier vous n'étiez qu'une petite violette, et aujourd'hui vous voilà une rose épanouie.

De sa large main, il enveloppa la mienne, et la serra avec tant d'effusion et d'impétuosité qu'il m'en fit presque mal. J'avais pensé qu'il la baiserait, et déjà je m'étais penchée vers lui ; mais il se contenta de la serrer de nouveau en plongeant dans mes yeux son regard heureux. Je ne l'avais pas revu de six ans et je le trouvais bien changé aussi, vieilli, hâlé, laissant pousser sa barbe, ce qui ne lui allait pas très bien. Cependant, il avait toujours les mêmes allures simples, le même visage franc et loyal, aux traits accentués, les mêmes yeux brillants d'intelligence, le même sourire plein de grâce, — un sourire d'enfant.

Au bout de cinq minutes, il n'était déjà plus un visiteur quelconque ; il se conduisait en ami de la maison avec nous tous, y compris les domestiques, qui, par un empressement marqué, manifestaient leur plaisir de sa présence. Sa conduite n'était pas cependant celle d'un voisin se croyant obligé à prendre des airs de condoléance ; il causait, faisait preuve d'entrain. Il ne risqua pas un seul mot ayant rapport à ma mère, de sorte que cette indifférence me parut d'abord singulière et me froissa. Bientôt, je reconnus que, s'il agissait ainsi, c'était non par indifférence, mais avec intention, et je lui en eus de la gratitude.

Le soir, Katia servit le thé au salon, comme c'était la coutume du vivant de ma mère. Sonia et moi, nous prîmes place auprès d'elle, tandis que Serge Michaïlovitch allait et venait en fumant dans une pipe de mon père retrouvée par notre vieux Gregor.

— Que de terribles changements il s'est produit dans cette maison! dit Serge, s'arrêtant tout à coup.

— Oui, répondit Katia avec un soupir.

Et recouvrant le samovar, elle regarda notre hôte, déjà prête à fondre en larmes.

— Vous souvenez-vous encore de votre père ? reprit-il, s'adressant à moi.

— Peu.

— Comme ce serait beau pour vous s'il vivait encore... et Serge avait un regard voilé qui se perdait par-dessus ma tête. J'aimais beaucoup votre père, ajouta-t-il plus bas encore, et ses yeux prirent un éclat humide.

— Et voilà que Dieu nous a repris maman aussi! fit Sonia, qui jeta sa serviette sur la bouilloire pour prendre son mouchoir et se mettre à pleurer.

— Oui, oui, que de terribles changements dans cette maison, répéta-t-il en se détournant. Allons, Sonia, viens me faire voir tes joujoux, continua-t-il après un silence, tout en passant à l'antichambre.

Les larmes aux yeux, je le suivis du regard.

— Quel ami précieux ! dit Katia.

Et, en effet, je sentis cette sympathie profonde d'un homme étranger me gagner le cœur et me faire grand bien.

Nous entendîmes les rires de Sonia jouant avec lui. Je lui envoyai une tasse de thé. Peu après, il se mit au piano et martela complaisamment les touches avec les petites mains de ma sœur.

— Maria Alexandrovna, me cria-t-il, venez donc nous faire un peu de musique.

Il me fut agréable de lui voir prendre ce

ton amical et familier pour me demander cela, et, me levant aussitôt, je répondis à son appel.

— Tenez, cela, ajouta-t-il en ouvrant Beethoven à l'adagio de la sonate *Quasi una fantasia*. Voyons ce que vous savez faire.

Il prit sa tasse et se retira dans un coin de la pièce. Je ne sais comment cela se produisit, mais il me sembla impossible de lui refuser ce plaisir ou de me faire prier, sous prétexte que je jouais mal. Aussitôt, je me mis au piano et je commençai de mon mieux, bien que je le susse dilettante de grand goût. Cet adagio me rappela la conversation que nous avions eue avant le thé, et le résultat fut que je m'en tirai assez honorablement. Néanmoins, il ne voulut point me laisser exécuter le scherzo.

— Non, dit-il, se rapprochant, vous ne

pouvez pas le jouer convenablement, laissons-le. Mais l'adagio est bien, il me semble que vous avez des dispositions pour la musique.

Cet éloge sincère me causa une telle joie que je rougis vivement. Il y avait un charme tout nouveau pour moi à le voir, lui, l'ami et l'égal de mon père, me traiter sur l'égalité et non plus en petite fille comme autrefois.

Katia s'en fut mettre Sonia au lit, et nous restâmes seuls dans l'antichambre.

Il me parla de mon père, me raconta l'heureuse existence qu'ils avaient menée ensemble alors que j'avais encore des devoirs à faire et des poupées à habiller, et ces récits me montrèrent dans mon père l'homme simple et bon que je n'y avais jamais soupçonné. Il s'informa aussi de ce que j'aimais, de ce que je lisais, de ce que j'avais l'intention de faire, et il me donna différents conseils. Maintenant, il n'était plus pour moi un camarade très gai, uniquement, mais un homme grave, plein de franchise et d'affection, pour lequel j'éprouvais un respect et une sympathie involontaires.

Ceci me procura une sensation très douce et très agréable, et, cependant, une vague oppression me tenait pendant que nous causions. Chacun de mes mots me faisait hésiter : je désirais tant mériter son amour que j'avais, non pour moi-même, mais parce que j'étais fille de mon père.

Lorsque Katia fut revenue auprès de nous, elle se plaignit à notre hôte de mon apathie, à laquelle je n'avais fait aucune allusion jusqu'à présent.

— Alors, elle a négligé de me communiquer la chose la plus importante, répliqua-t-il avec un sourire, tout en me désignant d'un mouvement de la tête, gros de reproches.

— Qu'aurais-je dit? Je ne puis rien vous apprendre, si ce n'est que je m'ennuie. Mais cela disparaîtra.

Et déjà j'avais la conviction que mon ennui disparaîtrait réellement, qu'il avait disparu pour ne jamais revenir.

— Cela va mal quand on ne sait pas supporter la solitude. Vous êtes une jeune fille instruite, pourtant.

— Je le pense, ripostai-je en souriant.

— Mais vous êtes tout simplement une petite demoiselle ne trouvant la vie supportable que pour autant qu'elle soit admirée, perdant courage dès qu'elle se voit seule, ne sachant plus rien faire de bien alors. Vous voulez paraître, pas autre chose.

— Vous avez là une jolie opinion de moi, répliquai-je, pour dire quelque chose.

— Oui, reprit-il après un silence, ce n'est pas en vain sans doute que vous ressemblez à votre père, il y a quelque chose en vous...

Et son regard attentif et affectueux me fit plaisir, tout en me plongeant dans un embarras singulier. Je remarquai pour la première fois un assombrissement, presque de la tristesse, sur ce visage si joyeux, dans ces yeux brillant d'un éclat à eux particulier.

— Vous ne devez pas, vous ne pouvez pas vous ennuyer. Vous avez vos livres, vos travaux, la musique, pour laquelle vous êtes douée. Vous avez toute votre vie à préparer, si vous ne voulez pas vous exposer à des regrets plus tard, — et dans un an il serait trop tard.

Il me parlait comme un père ou comme un oncle, et je sentais tous les efforts faits par lui pour donner à ses paroles l'accent qui leur convenait. Je fus un peu froissée de constater à quel point il me supposait au-dessous de lui, et flattée en même temps de toute la peine qu'il croyait devoir se donner à propos de moi.

Pendant le reste de la soirée, il s'entretint de nos affaires avec Katia.

— Et maintenant, adieu, mes chères amies, dit-il enfin, et il se leva et vint me prendre la main.

— Quand nous reverrons-nous ? demanda Katia.

— Au printemps, répondit-il sans abandonner ma main ; il faut que j'aille voir à

Danilovka (notre seconde propriété) ce qui s'y passe ; je prendrai les mesures qui seront nécessaires, et ensuite je partirai pour Moscou, — mes intérêts personnels l'exigent. Nous ne nous reverrons qu'à la belle saison.

— Mais pourquoi voulez-vous rester si longtemps loin de nous ? fis-je, presque avec tristesse.

J'avais espéré le voir tous les jours, et déjà l'abattement me reprenait à l'idée que mon ennui pouvait reparaître. Sans doute, il s'en aperçut à mon regard ou au son de ma voix, car il me dit :

— Oui, essayez de vous occuper et chassez-moi toutes ces lubies, répliqua-t-il d'un ton qui me sembla trop calme et trop froid ; et il poursuivit, sans me regarder, en lâchant ma main : au printemps, je vous examinerai.

Nous l'accompagnâmes à l'antichambre,

où il mit de la hâte à endosser sa fourrure. Son regard semblait toujours m'éviter.

— Il se donne une peine bien inutile, pensai-je, comment peut-il s'imaginer que ce soit pour moi un si grand bonheur d'être regardée par lui? Il est bon, très bon... mais c'est tout.

Cependant, nous fûmes longtemps avant de pouvoir nous endormir, Katia et moi. Nous ne cessions de causer, — non de lui, mais de la façon dont nous vivrions au prochain été, de l'endroit où nous passerions l'hiver. Je ne me posais plus la terrible question: A quoi bon? Déjà, je trouvais tout simple et tout naturel de vivre uniquement pour être heureuse et d'espérer pour moi-même tout un avenir de bonheur, — absolument comme si notre vieille maison de Prokovsk se fût brusquement remplie de lumière et de vie.

II

Le printemps arriva; mon ennui n'avait pas reparu. Il avait fait place à une de ces mélancolies rêveuses faites d'espérances indécises et de désirs ébauchés. Mais j'avais complètement renoncé à mon ancienne existence : je m'occupais de Sonia, je faisais de la musique ou je lisais. Souvent, je descendais au jardin, errant pendant des heures entières à travers les allées, restant assise sur un banc. Dieu sait à quoi je songeais, ce dont je rêvais et ce que j'espérais.

Parfois, quand il y avait clair de lune, je passais des nuits entières à la fenêtre de ma chambre ; parfois encore, je me glissais doucement, afin de n'être point surprise par Katia, et je m'en allais, en simple costume de nuit, jusqu'à l'étang, par les herbes toutes chargées de rosée. Un soir même, je gagnai les champs et fis le tour du parc. Aujourd'hui, j'ai quelque peine à me souvenir de ces rêveries, bien plus encore à les comprendre, ces rêveries dont se nourrissait mon imagination à cette époque. Et si je réussis à les faire surgir à nouveau devant mes yeux, je crois difficilement que j'aie pu jadis m'y abandonner, tant elles étaient étranges.

Serge Michaïlovitch fut de retour vers

la fin de mai, ainsi qu'il l'avait annoncé.

La première fois qu'il nous rendit visite, c'était le soir, à une heure à laquelle nous ne l'attendions plus. Nous étions sur la terrasse, prêtes à prendre le thé. Déjà le jardin avait retrouvé toute sa beauté, et dans les bosquets des rossignols avaient pris poste, célébrant le printemps. Çà et là des touffes de lilas se couvraient de grappes aux teintes blanchâtres ou violacées, s'apprêtant à épanouir leurs fleurs élégantes, et le feuillage des allées de bouleaux semblait transparent, tout criblé des rayons du soleil couchant. La terrasse restait dans l'ombre, une ombre fraîche, et une forte rosée tombait sur les gazons. Derrière nous, dans la cour, les bruits mourants du jour s'éteignaient dans les beuglements des animaux rentrant à l'étable. Le pauvre Nikone, qui est à demi idiot, passait et repassait avec un arrosoir, et des cercles noirs, tracés dans la terre nouvellement remuée, se creusaient autour des pieds de dahlias, sous le jet d'eau froide. Devant nous le samovar brillait et chantait sur un plateau, entre le crémier, des gâteaux et des pâtisseries. Katia remplit les tasses tandis que, mise en appétit par un bain, je mangeais une tranche de pain sur laquelle s'étendait une couche de crème nouvelle. Je portais une blouse de toile à larges manches ; un foulard blanc était roulé autour de mes cheveux tout humides.

Katia fut la première à le voir.

— Ah ! Serge Michaïlovitch ! s'écria-t-elle, nous parlions de vous.

Je me levai et je voulus m'esquiver pour aller faire toilette, mais il me retint au moment où je franchissais la porte.

— Pourquoi tant de cérémonies à la campagne ? dit-il avec un sourire, tout en regardant mon foulard ; vous ne vous gênez pas pour Gregor : suis-je donc moins que Gregor pour vous ?

En même temps je crus remarquer qu'il m'examinait d'un air tout autre que l'air habituel de Gregor, et je me sentis mal à l'aise.

— Je reviens dans un instant, répondis-je en me retirant.

— Qu'allez-vous faire ! me cria-t-il encore ; avec votre foulard, vous ressemblez à une paysanne.

— De quelle singulière façon il me regardait, pensais-je tout en gagnant ma chambre et en changeant de vêtements. Enfin, Dieu merci, le voilà revenu, et il fera un peu plus gai et un peu plus animé dans la maison.

Après avoir jeté un coup d'œil sur mon miroir, je redescendis joyeusement l'escalier, sans songer à dissimuler mon empressement, de sorte que j'arrivai hors d'haleine sur la terrasse. Il avait pris place à la table et s'entretenait d'affaires avec Katia. Quand il m'aperçut, il continua de parler, après avoir souri. D'après lui, l'exploitation de nos propriétés marchait à merveille. Nous passerions la belle saison à la campagne, mais en hiver nous irions nous fixer à Saint-Pétersbourg pour y terminer l'éducation de Sonia, ou nous voyagerions à notre gré.

— Que ce serait beau si vous vouliez venir avec nous, dit Katia ; voyager seules, nous croirons être perdues dans un grand bois.

— Ah! que ne puis-je faire le tour du monde avec vous! répliqua-t-il moitié sérieux, moitié badin.

— Eh bien! faisons le tour du monde, proposai-je.

— Et ma mère? Et mes biens? Laissons cela et racontez-moi comment vous avez passé tout ce temps. Êtes-vous encore retombée dans vos idées noires?

Lorsque je lui appris que, même en son absence, je m'étais occupée et que je n'avais éprouvé aucun ennui, il me prodigua des félicitations, il me flatta de la voix comme si j'eusse été une enfant et comme s'il eût eu des droits à me traiter ainsi. Je crus devoir m'étendre longuement, minutieusement, sur tout ce que j'avais fait de bien, et je l'honorai d'autant de franchise qu'un confesseur, ce qui peut-être ne lui causa pas un extrême plaisir. La soirée était si belle que nous restâmes sur la terrasse après le thé, et la conversation m'intéressait au point que je ne me rendis point compte du grand silence qui nous enveloppait. Des parfums affluaient de tous côtés et les gazons brillaient sous la rosée ; tout près de nous un rossignol chantait dans un lilas, se taisant quand nos voix se faisaient entendre, et le ciel, tout allumé d'étoiles, semblait se pencher sur nous. Une chauve-souris, égarée sous la tente qui abritait la terrasse, se mit à tournoyer silencieusement autour de moi : ce fut ce qui me fit constater la tombée de la nuit. Je me reculai, et déjà j'allais pousser un cri, lorsque l'animal prit son vol et s'enfonça dans le clair-obscur du parc.

— J'aime beaucoup votre maison, dit tout

à coup Serge Michaïlovitch, sans aucune transition; il me semble que je resterais toute ma vie sur cette terrasse.

— Eh bien! restons-y, répliqua Katia.

— Oui, restons-y, mais la vie ne s'immobilise pas, malheureusement.

— Pourquoi ne vous mariez-vous pas? Vous feriez un bon mari.

— Vous croyez cela parce que je reste volontiers assis! riposta-t-il en riant. Non, Catherine Carlovna, le temps du mariage est loin, pour moi comme pour vous. Depuis longtemps on ne me considère plus comme un épouseur; moi-même, j'ai depuis longtemps perdu l'habitude d'y penser, et je m'en trouve bien.

Il me sembla que ces derniers mots n'étaient pas prononcés d'un ton naturel.

— Comment, vous voilà blasé, à trente-six ans !

— Sans doute, blasé au point que je ne désire plus qu'une chose : le repos, et je ne suis pas, comme vous voyez, dans les dispositions requises pour un mari. Mais il n'en est pas de même pour Macha, ajouta-t-il en me désignant de la tête : ce sont des personnes de son âge qui se marient. Quant aux gens comme vous et moi, ils n'ont plus qu'à être heureux du bonheur des autres.

Il y avait dans sa voix une certaine mélancolie, un effort sur lui-même, qui ne passèrent pas inaperçus pour moi. Serge garda un instant le silence, que ni Katia ni moi ne songeâmes à rompre.

— Tenez, poursuivit-il en se retournant vers la table, figurez-vous que j'aie la malheureuse pensée d'épouser une jeune fille de dix-sept ans, Macha, par exemple... Maria Alexandrovna. L'exemple est très joli, il est très bien choisi; je ne pouvais pas en trouver de plus joli...

J'eus un commencement de sourire, mais je ne parvins pas à comprendre en quoi l'exemple était si bien choisi.

— Eh bien! dites-moi franchement, la main sur la conscience, si ce ne serait pas un grand malheur pour vous de lier votre existence à celle d'un homme déjà âgé et fatigué qui ne désire plus que le repos, tandis que vous, vous avez mille autres désirs et ne songez qu'à aller Dieu sait où!

Je devins toute confuse et ne répondis pas, ne sachant vraiment que répondre.

— Remarquez que ceci n'est pas une demande en mariage, reprit-il, riant encore; mais, franchement, est-ce à un mari de ce genre que vous rêvez le soir en errant seule dans les allées du jardin? Ne serait-ce pas un grand malheur pour vous?

— Un grand malheur, pas précisément...

— Mais pas un grand bonheur non plus, n'est-ce pas, voulez-vous dire?

— Oui, mais je puis me tromper.

— Vous voyez, Katia! Et elle a parfaitement raison, et je lui suis très reconnaissant de sa franchise... D'ailleurs, le malheur serait encore plus grand pour moi.

— Quel original vous êtes! Vous ne changerez jamais, riposta Katia en se levant pour s'occuper du souper.

Après son départ, nous demeurâmes tout deux silencieux, tandis que le plus grand calme régnait autour de nous. Seul le rossignol avait repris son chant, non plus par phrases hésitantes et coupées comme auparavant, mais en notes soutenues. Sa voix harmonieuse emplissait le jardin tout entier et pour la première fois un autre rossignol lui répondit au loin, dans la direction du ravin. Alors celui qui était dans notre voisinage se tut comme s'il eût écouté, puis il recommença, enflant la voix, précipitant la cadence, affirmant magistralement sa souveraineté dans ce monde nocturne où nous n'étions que des étrangers. Le jardinier passa pour se rendre à la serre où il couchait, et le bruit de ses pas se perdit peu à peu dans l'éloignement. Deux coups de sifflet aigus arrivèrent de la montagne jusqu'à nous, puis tout retomba dans le silence. Puis les feuilles furent prises d'une sorte de frissonnement à peine sensible, la tente se gonfla et ondula au-dessus de nos têtes, et des bouffées de parfums exhalées soudain s'élevèrent jusqu'à nous. Tout ce silence me devint insupportable enfin, mais je ne savais que dire pour le rompre. Je le regardai et je vis ses yeux, qui brillaient dans la pénombre, fixés sur moi.

— Qu'il fait bon vivre ! murmura-t-il.

Je soupirai profondément, sans en connaître le motif.

— Qu'avez-vous ? demanda-t-il.

— Qu'il fait bon vivre ! répétai-je.

Et nous redevînmes muets, et je fus en proie au même malaise qu'auparavant. Une pensée roulait incessamment à travers mon cerveau, la douleur que je lui avais causée en lui laissant entendre que je le trouvais vieux. Je n'eusse pas demandé mieux que de lui dire quelques mots affectueux, mais le début me rendait perplexe.

— Allons, adieu ! reprit-il tout à coup en

se levant, ma mère m'attend à souper. Je l'ai à peine entrevue aujourd'hui.

— J'aurais voulu vous jouer une nouvelle sonate.

— Ce sera pour une autre fois, répliqua-t-il assez froidement, à ce que je crus entendre.

— Adieu.

Maintenant ma conviction de l'avoir froissé s'accrut et me plongea dans une véritable tristesse. Katia et moi, nous descendîmes le perron avec lui et nous restâmes dans la cour à le suivre des yeux jusqu'au moment où il eut disparu.

Lorsque le bruit des sabots de son cheval ne parvint plus à mon oreille, je remontai sur la terrasse, et là, le regard perdu dans les profondeurs du jardin et les flots du brouillard nocturne, je restai immobile, écoutant et regardant ce que je voulais voir et ce que je voulais entendre... Il revint une seconde, puis une troisième fois, et le sentiment pénible que j'avais éprouvé à la suite de notre singulier entretien disparut complètement pour ne jamais me reprendre.

Pendant l'éte, il nous rendit deux visites, quelquefois trois, par semaine. Je m'étais à ce point habituée à lui, que vivre seule me devenait pénible s'il restait absent plus longtemps que de coutume. Alors, intérieurement, je m'emportais contre lui et je déclarais chose injuste de sa part de me laisser ainsi dans l'abandon. Il s'était placé vis-à-vis de moi sur le pied d'un camarade très affectueux ; il me questionnait sans ambages, exigeait des réponses sans détours, me conseillait, m'encourageait, me blâmait parfois, et parfois aussi m'imposait une certaine réserve.

Mais en dépit de tous les efforts tentés par lui pour se mettre à mon niveau et à ma portée, je sentis que tout un monde était en lui dans lequel il ne jugeait pas nécessaire de m'introduire, et ceci plus que toute autre chose doublait mon respect pour lui, tout en m'attirant vers lui. Je savais, pour l'avoir ouï dire par Katia et des voisins, qu'en sus des soins réclamés par sa mère, avec laquelle il vivait seul, par sa fortune, qu'il gérait lui-même, et par notre tutelle, il se trouvait engagé dans des différends nobiliaires qui lui valaient nombre de désagréments. Mais de ses soucis, de ses projets, de ses espérances, je n'avais jamais rien pu apprendre de lui. Aussitôt que j'essayais d'amener la conversation sur ces choses, il fronçait les sourcils d'une façon à lui comme pour dire : je vous en prie, laissons cela, que vous importe ! et il changeait de thème immédiatement. En premier lieu, cette conduite m'avait froissée, mais par la suite je m'habituai à ne plus parler avec lui que de moi et de ce qui se rapportait à moi ; finalement, je n'y vis plus rien que de naturel.

Il montrait la plus complète indifférence, voire même un certain dédain, pour mes avantages extérieurs, et si cette manière d'agir m'avait déplu au commencement, elle ne tarda pas à me toucher fort agréablement. Jamais il ne laissait deviner ni par un mot ni par un regard que j'étais belle. Au contraire, son front se plissait quand on faisait en sa présence l'éloge de ma beauté. Il aimait à me signaler mes défauts et à me taquiner sur ce sujet. Les robes à la mode et les coiffures savantes dont Katia tenait à me parer aux jours de fête n'excitaient que sa verve moqueuse, et Katia s'en affectait beaucoup. Moi-même, j'en avais conçu d'abord du dépit, non sans raison. Katia était fermement convaincue que je plaisais à Serge Michaïlovitch, et elle ne pouvait comprendre pourquoi il ne voulait pas que cette jeune fille qui lui plaisait parût sous son jour le plus avantageux. Bientôt je vis ce qu'il avait à cœur : il eût été heureux de ne me voir aucune coquetterie. Lorsque j'en fus bien certaine, je ne gardai plus l'ombre même d'une coquetterie dans ma toilette, ma coiffure ou ma conduite ; je me fis très simple, — coquetterie d'un autre genre, puisque à cette époque je ne pouvais avoir déjà le goût de la simplicité.

Je savais qu'il m'aimait, — comme on aime une enfant ou comme l'on aime une femme? Je ne me l'étais pas demandé. Cet amour m'était cher, et comme je sentais que pour lui j'étais au-dessus de toutes les autres jeunes filles, je devais naturellement désirer qu'il gardât toujours cette illusion. Et je le trompais, inconsciemment. Mais en le trompant, je devenais meilleure. Je pressentais qu'il était plus digne et préférable pour moi de lui faire connaître les qualités de mon âme que celles de mon corps. Quels que pussent être mes cheveux, mon visage, mes mains, mes manières, il pouvait les apprécier à un seul coup d'œil, et alors même que j'eusse voulu le tromper sur ce point, il ne m'eût pas été possible d'y rien ajouter. Quant à mon âme, il l'ignorait parce qu'il l'aimait, parce qu'elle se développait, parce qu'il m'était plus facile de l'induire en erreur à propos d'elle et que réellement je le faisais. De quel soulagement ne fus-je pas pénétrée lorsque je me fus clairement rendu compte de cette situation. Ces troubles auxquels j'étais si souvent en proie, ce besoin de mouvement qui m'étouffait, disparurent complètement. Je sus que, debout devant lui ou assise auprès de lui, les cheveux lissés ou relevés, j'étais toujours sous son regard, et je m'imaginai qu'il devait être content de moi autant que je l'étais moi-même. Je crois que s'il lui fût venu à l'idée de me dire : Vous êtes belle ! comme tout le monde, je crois que j'en eusse éprouvé de l'irritation. Mais quelle joie, quelle douce sensation se glissait dans mon âme quand, sur un mot dit par moi, il me regardait longuement et ajoutait d'une voix émue à laquelle il s'efforçait de donner un ton badin :

— Oui, oui, il y a quelque chose en vous. Vous êtes une excellente fille, il faut que je l'avoue.

Et d'où me venait cet éloge qui me remplissait de bonheur et d'orgueil ? Tantôt pour avoir laissé entendre que je partageais l'amour de Gregor pour sa petite-fille, tantôt pour avoir été remuée jusqu'aux larmes par une poésie ou un roman, tantôt pour avoir préféré Mozart à Schulhof. J'admirais le tact extraordinaire qui alors me faisait dire ou faire ce qui était bien, alors que je n'avais encore aucune notion exacte du bien ni du beau. La plupart de mes anciennes habitudes et de mes anciens goûts lui déplaisaient. Un seul mouvement de ses sourcils, un seul regard suffisaient pour me faire comprendre que ce que j'allais dire lui serait désagréable; qu'il prît un certain air de pitié ou de dédain, et je croyais ne plus aimer une chose qui longtemps m'avait été chère.

Lorsqu'il me donnait un conseil, je me figurais savoir ce qu'il voulait me dire. Il m'interrogeait d'un regard qu'il plongeait au fond de mes prunelles, et ce regard y faisait monter la pensée qu'il désirait connaître. Je n'étais plus maîtresse de mes idées ni de mes sensations, car ses sensations et ses idées passaient en moi, devenaient miennes et embellissaient ma vie. Et sans me rendre compte de la transformation, je vis toutes choses sous un autre jour, aussi bien Katia que nos gens, Sonia que moi-même et mes occupations.

Des livres que je lisais autrefois pour

combattre mon ennui devinrent une source des joies les plus pures, uniquement parce que nous en parlions ensemble, que nous les parcourions ensemble, qu'il me les apportait. Autrefois les leçons que je donnais à Sonia étaient pour moi une lourde tâche, reprise par simple acquit de conscience; mais maintenant qu'il y assistait, c'était une de mes jouissances les plus vives de suivre les progrès de Sonia.

Apprendre un morceau de musique entier avait été jadis une chose impossible pour moi ; maintenant que j'avais la certitude d'être écoutée par lui, l'espoir d'un compliment de lui, rien ne me rebutait plus. Quarante fois de suite je recommençais le même passage, de sorte que la pauvre Katia en fut réduite à se mettre un tampon de ouate dans les oreilles; moi, au contraire, je ne songeais guère à m'impatienter. Mes anciennes sonates me parurent exprimer de nouveaux sentiments. Cette bonne Katia, que je connaissais et que j'aimais autant que moi-même, s'était transformée à mes yeux. Maintenant je comprenais que ce n'était nullement une obligation pour elle d'être pour nous ce qu'elle avait été, une mère, une amie et une esclave tout à la fois ; je sentais tout ce qu'il y avait en elle de dévouement et d'abnégation et je ne l'en aimais que davantage.

Il m'enseigna aussi à considérer nos paysans, nos droroviés et nos servantes à un point de vue bien différent de celui que j'avais toujours eu. Si ridicule que cela puisse paraître, je comptais dix-sept ans et cependant j'avais vécu au milieu d'eux en leur restant plus étrangère qu'à nombre de

3.

personnes que je n'avais jamais vues ; jamais je ne m'étais dit que ces gens pouvaient aimer, souffrir, espérer comme moi. Notre jardin, nos bois, nos champs que je connaissais depuis si longtemps cependant, prirent des aspects nouveaux et révélèrent des beautés inconnues à mes yeux. Ce n'était pas sans raison qu'il affirmait un seul bonheur certain en ce monde, celui de vivre pour les autres. Je n'avais pas compris tout d'abord, mais peu à peu ce principe était entré en moi. En un mot, il m'avait initiée à une vie nouvelle pleine de douces jouissances, sans que rien eût été modifié ou ajouté à mon existence ordinaire : il m'avait simplement rendue sensible au point de percevoir les moindres sensations. Un écho avait toujours dormi en moi et il avait suffi de l'arrivée de Serge Michaïlovitch pour éveiller cet écho, le faire parler et remplir mon âme de bonheur.

Souvent, au cours de cet été, je montai à ma chambre, je me jetai sur mon lit et, à la place de mon ancien abattement, une inquiétude me tenait : celle de ma félicité présente. Il m'était parfois impossible de m'endormir; alors je me relevais, je m'asseyais sur le lit de Katia et je lui faisais part de mon bonheur, ce dont j'eus pu facilement me dispenser, car ce bonheur était assez visible, assez manifeste. Elle aussi m'avouait qu'elle se sentait parfaitement heureuse et elle m'embrassait. Je la croyais sans peine; rien ne plus naturel, de plus logique pour moi que nous fussions tous heureux. Mais le bonheur de Katia ne l'empêchait nullement d'avoir sommeil; alors elle faisait mine de se fâcher, me renvoyait et s'endormait. Moi, au contraire, je songeais à tout ce qui contribuait à mon bonheur. Quelquefois je descendais de mon lit pour prier de nouveau et ma prière était faite suivant ma propre inspiration, dans mon élan de gratitude vers Dieu pour toute la félicité qu'il me donnait. Alors tout était silencieux dans ma chambre où je n'entendais plus que la respiration de Katia endormie ; je me retournais en murmurant quelques paroles, en faisant le signe de la croix et en baisant le petit crucifix attaché à mon cou. Les portes étaient fermées, les volets étaient clos; un bourdonnement de mouche se débattant dans un coin parvenait seul à mon oreille. J'aurais voulu ne jamais quitter cette chambre, ni jamais voir revenir le jour qui dissiperait ces sentiments et détruirait cette situation d'âme. Il me semblait que mes rêves, mes pensées et mes prières étaient autant d'êtres animés qui vivaient avec moi dans cette obscurité, entouraient mon lit, planaient au-dessus de ma tête. Mais chacune de mes pensées était une pensée à lui comme chacune de mes impressions me venait de lui. J'ignorais alors que ceci était tout simplement de l'amour, je croyais que cet état de choses durerait toujours et que je ne serais pas tenue à abandonner quelque partie de moi-même en compensation de ce que je recevais.

III

Un jour, après dîner, nous descendîmes au jardin, Katia et moi, et nous allâmes nous asseoir sur un banc placé au pied d'un tilleul. C'était notre endroit favori, car de là notre regard embrassait une grande étendue. Serge Michaïlovitch n'était pas venu depuis trois jours, et nous l'attendions d'autant plus sûrement qu'il avait annoncé son arrivée à l'intendant et son intention d'examiner la moisson avant qu'elle fût rentrée. Vers deux heures, nous les vîmes arpenter un champ de seigle; Katia me regarda en souriant et lui envoya des pêches et des cerises qu'il aimait beaucoup. Puis, elle se réinstalla sur le banc et ne tarda pas à somnoler. Je cassai une branche dont les feuilles luisaient de sève, et, tout en continuant ma lecture, j'éventai doucement Katia. Néanmoins, je ne perdais pas de vue le sentier par lequel il devait venir. Sonia était fort absorbée par son ardeur à établir une tente de verdure pour sa poupée entre deux racines du tilleul.

Il faisait une chaleur lourde, sans un souffle d'air, et les nuages, qui enserraient l'horizon depuis le matin, s'étaient rapprochés, entassés, nous menaçant d'un orage. J'étais énervée comme je le suis toujours dans de pareilles circonstances. Mais, après midi, les nuages s'étaient dispersés, le ciel s'était dégagé, le soleil avait reparu; seul, un point noir était resté au loin, attirant l'attention par un grondement de tonnerre et un bleuissement d'éclair qui en venaient parfois. Nous n'avions certainement plus rien à craindre pour la journée. Sur la route qui apparaissait de place en place derrière la verdure, un bruit de voitures se faisait entendre, bruit lent et sourd des véhicules chargés, vacarme rapide des chariots à vide sur lesquels flottaient les chemises des moissonneurs. La poussière soulevée en tourbillons ne s'abattait ni ne s'envolait : elle restait comme suspendue dans l'air, par dessus la haie, entre les feuilles transparentes des arbres. Plus loin, dans la direction de la grange, des voix se mêlaient, d'autres bruits de roues se confondaient, les gerbes volaient de main en main, s'entassant, formant d'énormes meules sur lesquelles passait le va-et-vient des paysans.

Devant moi, dans la campagne, des chariots s'avançaient également, les gerbes jaunes s'enlevaient, et des grincements de roues, des appels, des chansons venaient jusqu'à moi. Tandis que d'un côté le champ se faisait de plus en plus désert, je distinguais à droite les robes claires des femmes liant les gerbes et les groupant, et il me semblait assister à la transformation de l'été en automne. La poussière et la chaleur avaient tout envahi, à l'exception de notre coin favori, et, dans cette chaleur et cette poussière, sous un soleil de feu, tout un monde de travailleurs causait, riait, s'agitait. Je regardai Katia qui sommeillait sous son mouchoir de batiste, les cerises qui brillaient dans une assiette, l'eau claire de la carafe dans laquelle un rayon se brisait, et j'éprouvai une étrange sensation de bien-être.

— Qu'y faire? me dis-je, est-ce ma faute si je suis heureuse? Mais comment ce bonheur s'épanchera-t-il? A qui se ouer, se dévouer?

Déjà le soleil touchait la cime des bouleaux de l'allée, la poussière tombait, et le paysage s'égayait sous la lumière oblique du couchant; les nuages avaient complètement disparu. Près de la grange, trois autres meules dressaient leur pointe, et des hommes en descendaient. Des femmes chantaient en revenant du travail, le râteau sur l'épaule, des liens à la ceinture et Serge Michaïlovitch ne venait pas, bien que depuis longtemps je lui eusse vu dévaler la colline. Soudain il parut à l'extrémité de l'allée, sur un point auquel je ne l'attendais pas : il avait sans doute tourné le ravin. Il accourut vers moi, tête nue, le visage rayonnant; mais, quand il remarqua que ma compagne était endormie, il pinça les lèvres, cligna les yeux et s'approcha sur la pointe des pieds. Aussitôt je reconnus qu'il était dans cette heureuse disposition d'esprit où il se sentait une joie sans bornes et que nous autres nous désignions sous le nom d'enthousiasme effréné. Il rappelait alors quelque écolier échappé à la férule du maître, et des pieds à la tête il était tout entier à son bonheur, à son insouciance d'enfant.

— Bonsoir, petite violette. Comment va ! bien ? demanda-t-il en me serrant la main;

moi, excessivement bien : il me semble que j'ai quinze ans, que je jouerais volontiers au cheval et que je grimperais à un arbre avec infiniment de plaisir.

— Avec une joie effrénée ? fis-je, sentant que cette joie me gagnait aussi.

— Oui, répondit-il en clignant un œil et en faisant les plus sérieux efforts pour ne point éclater de rire, mais pourquoi ne laissez-vous pas tranquille le nez de Katia Karlowna ?

En effet, sans y prêter aucune attention, j'avais continué à éventer Katia, mais j'avais fait tomber son mouchoir et je lui effleurais le visage maintenant. Je me mis à rire.

— Katia soutiendra qu'elle n'a pas dormi, murmurai-je comme si j'eusse craint de la réveiller, mais en réalité c'était pour avoir le plaisir de parler à voix basse avec lui. Il m'imita, se contentant de remuer les lèvres comme si j'eusse poussé la précaution au point de n'émettre aucun son. Puis, apercevant les cerises, il s'en empara, faisant mine de les prendre à la dérobée, et il courut à Sonia. Malheureusement il s'assit sur la poupée et Sonia se fâcha. Il réussit à obtenir la paix en proposant un jeu dans lequel il s'agissait tout simplement de voir qui mangerait le plus vite les cerises.

— Voulez-vous que j'aille vous en chercher d'autres? lui dis-je, ou plutôt, si nous y allions ensemble?

Il reprit l'assiette sur laquelle il posa la poupée, et nous nous dirigeâmes vers les serres. Sonia courut après lui en riant et le tira par le pan de son habit afin qu'il lui rendît la poupée. Il s'exécuta, et, se tournant de mon côté :

— Pourquoi ne voulez-vous pas avouer que vous êtes une violette? reprit-il à demi-voix, encore bien qu'il n'y eût plus autour de nous personne à laisser dormir; lorsque je me suis approché de vous après avoir supporté toute cette chaleur, toute cette poussière et toute cette fatigue, j'ai respiré un délicieux parfum de violette; non pas cette violette à l'odeur très capiteuse, mais, vous savez, celle qui naît dans l'ombre et embaume les premiers gazons à la fonte des neiges.

— Mais, dites-moi, comment marche l'exploitation? repris-je pour dissimuler le trouble agréable que m'avaient causé ses derniers mots.

— A merveille. Ces gens sont à l'abri de tout reproche. Et plus on les connaît, plus on les aime.

— Oui, oui, aussi quand j'ai vu tout à l'heure la façon dont ils travaillaient, j'ai senti quelque chose comme un remords de les voir tant peiner pendant que moi je suis si heureuse, si...

— Ne jouez pas avec ces sentiments, ma chère amie, dit-il, m'interrompant d'une voix grave tout en me regardant affectueusement, ils sont sacrés. Dieu vous garde de jamais tirer vanité de ces choses.

— Je n'en parle qu'à vous.

— Oui, je le sais. Eh bien, les cerises?

Les serres étaient fermées; de plus, tous les jardiniers, envoyés aux champs, étaient absents encore. Sonia se précipita à la recherche de la clef, mais sans attendre davantage il s'aida d'un arbre et sauta à l'intérieur.

— Voulez-vous me donner l'assiette ? me cria-t-il.

— Non, j'aime mieux les cueillir moi-même. Je vais chercher la clef ; on dirait que Sonia ne la trouve pas.

Mais au même instant, l'idée me vint de voir ce qu'il faisait là, la mine qu'il [avait, bref de l'observer alors qu'il se croyait absolument seul. Peut-être aussi tenais-je à ne pas le perdre vue un seul instant. Je fis le tour sur la pointe des pieds jusqu'à un endroit où le mur était moins haut, je montai sur un tonneau vide et je me penchai. Du regard je parcourus l'intérieur où les cerisiers dressaient leurs vieux troncs tortueux, étalant leur feuillage épais sur lequel se détachaient les bouquets de cerises, et, glissant ma tête sous le filet tendu au-dessus de la serre, je pus voir Serge Mi-

chaïlovitch assis sous un cerisier. Il croyait
sans doute que j'étais partie et qu'il était
bien seul; il s'était découvert et avait fermé
les yeux et roulait machinalement entre ses
doigts une boule de gomme végétale. Tout
à coup, il haussa les épaules, ouvrit les
yeux et laissa échapper un mot, tout bas,
en souriant. Ce mot et ce sourire étaient si
peu en harmonie avec lui-même que j'eus
honte de l'avoir épié, j'avais cru lui entendre
dire Macha! et je pensais que c'était impossible. Chère Macha, répéta-t-il d'une voix
plus faible, avec plus de tendresse encore,
mais cette fois je compris les deux mots.
Mon cœur battit avec une telle violence, je
fus prise d'une telle émotion et envahie soudain par une telle joie, que je dus me cramponner à la muraille pour ne pas tomber. Il
entendit le bruit, regarda autour de lui

d'un air effrayé et devint rouge comme un enfant. Il voulut parler mais il ne put y parvenir; sa rougeur augmentait toujours. Cependant il sourit en m'apercevant et je souris également. Son visage rayonnait, ce n'était plus là un vieil oncle prodiguant des conseils et des encouragements, mais bien l'homme, jeune autant que moi, m'aimant et me craignant autant que je le craignais et que je l'aimais. Nous nous regardions, sans rien dire. Brusquement il fronça les sourcils, l'éclat de ses yeux et la tendresse de son sourire disparurent. Il reprit une mine calme et paternelle comme si nous eussions commis quelque faute, qu'il fût redevenu maître de lui-même et qu'il voulût m'en voir faire autant.

— Descendez, vous pourriez vous faire

mal, dit-il, et remettez vos cheveux en ordre. Si vous vous voyiez.

Pourquoi dissimule-t-il ainsi ? Pourquoi me fait-il souffrir ? pensai-je. Et j'éprouvai le désir de mettre le comble à son embarras et de savoir jusqu'où allait mon empire sur lui.

— Non, je veux cueillir des cerises, répliquai-je, et, saisissant une branche voisine, je m'élançai sur le mur.

Avant qu'il eût eu le temps de venir à mon aide, j'avais sauté et je me trouvais à côté de lui.

— Quelle folie ! s'écria-t-il en s'efforçant de cacher son émotion sous un air contrarié. Vous auriez pu vous blesser. Et maintenant comment allez-vous sortir d'ici ?

Sa confusion n'avait fait qu'augmenter, mais, à présent, au lieu de m'amuser, elle me parut pénible. Bientôt je la partageai ; je m'étais éloignée de lui, et, ne sachant plus que dire, je me mis à cueillir des cerises dont avant peu je ne sus plus que faire. Je m'adressai des reproches et regrettai ma conduite, craignant déjà d'avoir déchu dans son estime par la manière dont j'avais agi. Nous gardions le silence et une oppression nous serrait l'âme. Enfin Sonia revint avec la clef et nous tira de cette situation désagréable. Mais pendant longtemps encore nous évitâmes de nous parler, et de préférence nous causions avec Sonia.

Je me calmai lorsque je me retrouvai auprès de Katia, laquelle nous assura n'avoir pas dormi un seul instant et avoir tout entendu ; lui-même essaya de reprendre avec moi ses airs protecteurs et paternels ; cet essai n'aboutit pas. Pour ma part, j'avais

4.

encore trop en mémoire les termes de tel singulier entretien qui datait de quelques jours seulement. Katia avait prétendu qu'il est plus facile pour l'homme que pour la femme d'éprouver de l'amour et de révéler cet amour.

— Un homme peut dire qu'il aime, une femme ne le peut pas, avait conclu Katia.

— Et moi, mon avis est qu'un homme ne peut ni ne doit dire qu'il aime, avait répliqué Serge Michaïlovitch.

— Pourquoi donc ? avais-je demandé.

— Parce qu'il dit toujours un mensonge en ce cas. Voilà une jolie découverte pour un homme, s'apercevoir qu'il aime. Comme s'il n'avait qu'à dire : j'aime, pour qu'aussitôt le fait se produise une, deux, j'aime comme s'il n'avait qu'à prononcer le mot pour qu'instantanément quelque chose d'extraordinaire, un miracle, eût lieu. Il me semble que les gens avouant solennellement leur amour par un : je vous aime, ou se trompent ou trompent les autres, ce qui est encore pis.

— Mais comment une femme saura-t-elle qu'on l'aime si on ne le lui dit pas ? avait riposté Katia.

— Je l'ignore ; chacun a sa manière de s'exprimer, mais il y a des sentiments que l'on devine instantanément. Quand je lis un roman, je ne puis m'empêcher de songer à l'air embarrassé du lieutenant Strelski ou d'Alfred au moment où il dit : Eléonore, je t'aime. Peut-être se figure-t-il qu'un événement extraordinaire va se produire ; mais rien, ni pour lui, ni pour elle. Leurs yeux, leurs bouches, leurs nez, bref, tout en eux reste le même.

J'avais alors attribué un sens sérieux à

cette plaisanterie. Katia ne nous permettait guère de nous occuper de héros de romans.

— Toujours des paradoxes ! s'écria-t-elle. Voyons, soyez franc : n'avez-vous jamais dit : Je vous aime, à une femme.

— Jamais je ne l'ai dit, jamais je ne me suis agenouillé devant une femme et je ne le ferai jamais, répliqua-t-il en souriant.

— Oh ! il n'a pas besoin de me le dire, pensai-je, il m'aime et je le sais. Tous ses efforts pour paraître indifférent ne m'enlèveront pas cette conviction.

Le soir de mon escapade, il me parla peu ; mais dans chacun des mots qu'il adressa à Sonia ou à Katia, dans chacun de ses mouvements, dans chacun de ses regards, son amour se trahissait et je ne pouvais en douter. La seule chose qui me chagrinât et me causât du dépit, c'était qu'il crût nécessaire de feindre et de jouer l'indifférent. Tout était si simple, si clair, et il nous eût été si facile d'être libres de toute contrainte et heureux — si heureux !

Cependant j'étais torturée par le souvenir de ce que j'avais fait aujourd'hui, dans la serre, absolument comme si c'eût été un crime ; je craignais d'avoir perdu son estime et d'avoir encouru son blâme. Après le dîner, je me dirigeai vers le piano ; il me suivit.

— Jouez-moi quelque chose : il y a si longtemps que je ne vous ai pas entendue, me dit-il lorsqu'il m'eut rejoint au salon.

— Volontiers... Serge Michaïlovitch, répondis-je en le regardant bien en face : vous ne m'en voulez pas ?

— Pourquoi vous en voudrais-je ?

— Pour vous avoir désobéi cet après-midi, répliquai-je en rougissant.

Il me comprit, et, hochant la tête, se mit à sourire. Et ce sourire m'avoua que, s'il m'en avait voulu quelque peu, il ne se sentait plus maintenant la force de m'en vouloir.

— C'est fini, n'est-ce pas ? nous sommes toujours bons amis, repris-je en m'asseyant au piano.

— Certainement.

Deux bougies m'éclairaient ; le reste de la pièce très haute et très grande était plongé dans une douce obscurité. Les fenêtres ouvertes laissaient voir les splendeurs d'une nuit superbe, et le silence imposant qui planait autour de nous était à peine troublé de temps à autre par le pas furtif de Katia traversant le salon ou un hennissement du cheval de Serge Michaïlovitch qui était attaché dans la cour et creusait la terre d'un pied impatient. Il s'assit derrière moi, de sorte que je ne pouvais le voir, mais partout je sentais sa présence, dans l'ombre de la pièce, les sons qui l'emplissaient et jusqu'en moi-même. Chacun de ses mouvements et chacun de ses regards pénétraient dans mon cœur, autant que si je les eusse vus.

Je jouai une sonate de Mozart, que j'avais étudiée pendant son absence; je ne pensais pas à la musique, et cependant je crois que je jouai bien et que le morceau lui plut. J'éprouvai quelque chose du plaisir qu'il devait ressentir, et j'avais la sensation du regard qu'il attachait sur moi. Tout en laissant glisser machinalement mes doigts sur les touches, je me retournai involontairement de son côté. Sa tête, qu'il avait appuyée sur sa main, se dessinait sur le fond clair de la nuit, et ses yeux qui rayonnaient ne me perdaient pas de vue. Je souris en rencontrant ses yeux et je cessai de jouer. Il sourit aussi, et d'un geste de la tête me désigna le cahier, comme pour me demander de continuer. Quand j'eus fini, la lune brillait de tout son éclat et inondait le tapis d'une lumineuse blancheur.

Katia fut d'avis que j'agissais contre tout bon sens, car je m'étais arrêtée au milieu du plus beau passage ; elle assura que j'avais très mal joué. Il protesta, disant que je n'avais jamais fait montre d'un aussi beau talent, et, se levant, il se promena du salon à l'antichambre et de l'antichambre au salon ; chaque fois il me regardait et me souriait. Je souriais aussi, j'étais même disposée à rire aux éclats, tant j'étais heureuse de ce qui s'était passé dans la journée et le soir même. Comme la porte le dérobait un instant à mes yeux, je me jetai dans les bras de Katia et l'embrassai dans le cou, avec emportement, puis aussitôt je repris mon sérieux, faisant les plus laborieux efforts pour réprimer les élans de ma joie.

— Qu'a-t-elle donc ce soir ? lui demanda Katia.

Mais il ne répondit pas, se contentant de sourire : il savait très bien ce que j'avais.

— Voyez donc, quelle nuit ! dit-il, arrêté devant la fenêtre du balcon donnant sur le jardin.

Nous le rejoignîmes et nous vîmes en effet une de ces nuits comme je n'en ai jamais revu plus tard. La lune entraînée dans sa course était maintenant derrière la maison, cachée à nos regards, et l'ombre du toit s'allongeait sur le sable des chemins et le gazon de la pelouse. Tout le reste était noyé de lumière, criblé de gouttes de rosée que le clair de lune faisait scintiller. Une large allée bordée de fleurs, striée d'un côté par l'ombre des dahlias, se perdait au loin, semblable à une autre voie lactée. Le toit de la serre surgissait derrière les arbres, et du ravin montait une brume flottante qui se condensait de plus en plus. Il y avait sous les feuillages de tels jeux de lumière et d'ombre qu'on eût cru voir de merveilleuses voûtes élégantes et éthérées, se balançant légèrement dans les airs. A droite, devant le logis, tout était sombre, vague, presque sinistre, et de tout ce noir jaillissait, fantastique, la cime d'un peuplier blanc terminé en un panache qui semblait prêt à s'envoler au premier souffle de vent.

— Allons faire un tour de promenade. dis-je.

Katia y consentit; elle me fit remarquer que je devrais chausser des galoches avant de sortir.

— C'est inutile, répondis-je, Serge Michaïlovitch me donnera son bras.

Absolument comme si cela eût suffi pour m'empêcher de me mouiller les pieds. Mais en ce moment l'objection n'étonnera personne et nous la trouvâmes naturelle. Jamais il ne m'avait offert le bras; je m'en emparai et la chose ne parut pas le surprendre.

Nous traversâmes la terrasse et je sentis que cet air, ce jardin, ce ciel n'étaient plus pour moi ce qu'ils avaient toujours été. Lorsque j'eus devant moi l'allée que nous allions prendre, je crus que nous ne pourrions nous avancer davantage, que le royaume du réel finissait là, et que désormais tout resterait ainsi, immuable dans sa beauté. Mais plus nous marchions, plus l'invisible muraille se reculait, et il me semblait que je retrouvais des objets depuis longtemps familiers. C'était bien un chemin que nous avions sous les pieds, des zones d'ombre et de lumière que nous franchissions, des feuilles mortes qui craquaient sous nos pas, des branches d'arbres qui nous effleuraient le visage. C'était bien lui qui allait lentement à côté de moi, soutenant mon bras d'un air attentif, et c'était aussi Katia dont les chaussures criaient à mon oreille. Et ce devait être la lune qui versait sur nous cette lumière blanche, à travers la ramure immobile... Mais le rêve se refermait sans cesse sur nous et il m'était difficile de penser à la réalité.

— Ah! une grenouille! s'écria une voix.

— Qui dit cela?... Pourquoi? me dis-je : puis je me souvins que la voix était celle de Katia et que Katia avait toujours eu peur des grenouilles. Je regardai à mes pieds : une minuscule grenouille sauta et retomba devant moi, mettant son ombre mince sur le fond clair du chemin.

— Vous n'en avez donc pas peur? me demanda Serge Michaïlovitch.

Je le regardai : nous étions arrêtés à un endroit découvert et son visage m'apparut en pleine clarté, un visage si heureux!... Vous n'en avez donc pas peur? avait-il dit; mais il avait prononcé ces mots comme s'il m'eût avoué : Je t'aime, chère enfant, je t'aime! Et son regard et sa main me confirmaient que je n'étais pas dans l'erreur; et l'air, la lumière et l'ombre me le confirmaient aussi.

Nous parcourûmes ainsi tout le jardin : Katia, essoufflée par la fatigue, n'allait plus qu'à petits pas. Enfin, elle nous rappela qu'il était temps de rentrer et j'eus pitié d'elle. Pourquoi n'éprouve-t-elle pas ce que nous éprouvons ? songeai-je. Pourquoi tous les hommes ne sont-ils pas jeunes et heureux comme nous par une nuit semblable? Nous rentrâmes; mais il resta encore longtemps avec nous, bien que tout dormît dans la maison, que le coq chantât, que son cheval hennît et piaffât avec plus d'impatience. Katia oublia de nous faire remarquer qu'il était tard, et nous restâmes ainsi à causer des choses les plus indifférentes jusque vers trois heures. Les coqs avaient chanté nombre de fois déjà, et le jour commençait à poindre quand il se retira. Il prit congé de nous de la même façon qu'il le faisait habituellement, sans rien ajouter de particulier, mais je savais que désormais il était à moi et que je n'avais pas à craindre de le perdre. Aussitôt que je me fus dit que je l'aimais, je confessai tout à Katia. Elle fut heureuse et touchée de cette marque de confiance, mais l'excellente nature ne put fermer l'œil de la nuit ; moi je restai sur la terrasse ou je descendis au jardin, reprenant les mêmes allées que nous avions suivies ensemble, me répétant chacun de ses mots, me représentant chacun de ses mouvements.

Je ne pus dormir, et pour la première fois de ma vie j'assistai à l'apparition de l'aurore et au lever du soleil : jamais je n'ai eu plus tard semblable nuit. Mais pourquoi ne m'a-t-il pas dit qu'il m'aime ? Pourquoi suscite-t-il des difficultés à plaisir ? Pourquoi se dit-il vieux alors que je le trouve si simple et si beau? Pourquoi perd-il un temps si précieux que nous ne regagnerons jamais? Qu'il parle donc, qu'il parle, qu'il prenne ma main dans la sienne et que, baissant la tête et rougissant, il dise : je t'aime ! Et alors moi je lui dirai tout... ou, non, je ne lui dirai rien, je le serrerai dans mes bras, je me collerai contre sa poitrine, et je pleurerai...

Puis tout à coup une pensée me venait : Si je me trompais... s'il ne m'aimait pas ?...

Mes propres sentiments m'effrayèrent : Dieu sait où ils pouvaient me conduire ! Je me souvins de notre trouble à tous deux lorsque je l'avais rejoint dans la serre et mon cœur se serra, mes yeux se remplirent de larmes : je me mis à prier. Alors une idée singulière me traversa l'esprit, me rendit le calme et quelque espoir : je pris la résolution de jeûner jusqu'à mon anniversaire, jour auquel je communierais. Le même jour, je ferais en sorte de devenir sa fiancée...

Pourquoi ? Comment cela se ferait-il ? Je l'ignorais, mais j'étais persuadée que cela serait.

Entre temps, le jour avait pris tout son éclat, et la maison s'animait déjà au réveil des domestiques : je regagnai ma chambre.

On était au carême de l'Assomption, et personne ne fut surpris de ce que je voulais m'acquitter de mes devoirs religieux.

Serge Michaïlovitch n'était pas venu une seule fois de toute la semaine. Loin de m'en étonner, de m'en inquiéter ou de lui en vouloir, je fus contente ; je ne l'attendais que pour mon anniversaire. Pendant cette semaine, je m'étais levée tôt, et pendant que l'on attelait, je me promenais au jardin, réfléchissant à ce que j'avais fait la veille et à ce que je devais faire pour être satisfaite de ma journée et ne me rendre coupable d'aucun péché. Cela me semblait si facile alors, en me surveillant un peu. La voiture prête, j'y prenais place avec Katia, ou une bonne, et nous nous en allions à l'église, distante de trois verstes. En y arrivant, je me rappelais qu'on prie là pour tous ceux qui y pénètrent avec la crainte de Dieu et je m'efforçai de m'élever jusqu'à ce sentiment tout en gravissant les deux marches de pierre du parvis, envahies par es herbes.

A ce moment de la journée, il n'y avait ordinairement qu'une dizaine de personnes, paysans ou serfs de la cour, se préparant également à la confession. Je m'appliquai de mon mieux à répondre humblement à leur salut et je m'approchais du tiroir contenant les cierges — ce qui me semblait une hardiesse de ma part — afin d'en recevoir quelques-uns de la main du vieux soldat, remplissant les fonctions de staroste, et j'allais les placer devant les saintes images. Par la grande entrée du sanctuaire, j'apercevais la nappe d'autel, brodée par ma mère, et, au-dessus de l'iconostase, les deux anges étoilés qui m'avaient paru si gigantesques au temps où j'étais toute petite fille, puis encore plus haut la colombe dans sa gloire dorée, qui avait tant occupé jadis ma jeune imagination. Je voyais, derrière la grille du chœur, les fonts baptismaux sur lesquels j'avais tenu nombre d'enfants de nos serfs, après y avoir moi-même été baptisée.

Puis survenait le vieux prêtre, portant une étole taillée dans le drap mortuaire de mon père; il commençait le service divin de cette voix que j'avais toujours entendue chez nous aux heures solennelles, soit que ce fût après la naissance de Sonia ou à propos de la mort de mon père et de ma mère. Puis le chantre reprenait d'une autre voix, qui m'était tout aussi familière, et je retrouvais là aussi cette même vieille que j'avais toujours vue prosternée, accotée à la muraille, le regard voilé de larmes et fixé sur l'une des images, ses mâchoires sans dents remuées par une prière qu'elle marmottait à voix basse. Ce n'était plus une simple curiosité ou des souvenirs qui me rapprochaient de ces choses et de ces êtres ; maintenant, ils avaient leur importance pour moi, comme si une mystérieuse valeur leur eût été donnée, soudainement.

Je suivais attentivement les prières qui étaient récitées et je mettais toute ma ferveur dans les répons. Lorsque je ne comprenais pas, j'invoquais Dieu, le suppliant de m'éclairer ; ou je remplaçais ce qui restait lettre morte pour moi, par une oraison demandée à ma propre inspiration. Quand on passait aux actes de contrition, je pensais à mon passé, et cet innocent passé d'enfant me paraissait très noir, comparé à l'état dans lequel je me trouvais présentement: je pleurais et j'avais frayeur de moi-même. Mais en même temps, je sentais que le pardon avait tout effacé ; et si mes péchés eussent été plus grands, le repentir n'en eût été que plus doux.

Le service divin terminé, le prêtre disait : que la bénédiction du Seigneur soit sur vous ! et aussitôt j'avais en moi la sensation de cette bénédiction, une sorte de bien-être délicieux s'emparait de moi : on eût dit que la lumière et la chaleur pénétraient à flots dans mon cœur.

Si le prêtre s'approchait ensuite de moi et s'informait de mon désir de voir célébrer vêpres à la maison et de l'heure convenable, je le remerciais humblement de ce qu'il voulait faire pour moi et je lui déclarais que je viendrais à l'église moi-même.

— Vous pensez vous donner cette peine ? ajoutait-il.

Et je ne savais que répondre, craignant de pécher par orgueil.

Je renvoyais toujours la voiture si Katia ne m'accompagnait pas et je revenais à pied, saluant tout le monde avec effusion, recherchant les occasions de venir en aide à nos semblables, de leur donner un conseil, de leur faire quelque sacrifice, entrant dans l'ornière pour leur abandonner le chemin propre.

Un soir, j'entendis l'intendant raconter à Katia qu'un paysan, du nom de Semen, était venu lui demander une planche pour la tombe de sa fille et un rouble d'argent, afin de faire dire une messe; il avait donné ce qu'on lui réclamait.

— Il est donc bien pauvre? fis-je.

— Très pauvre, mademoiselle, il n'a pas même de sel.

Mon cœur se serra; cependant, je fus heureuse d'avoir eu connaissance de cette misère. Je laissai croire à Katia que j'allais me promener et je montai dans ma chambre;

je pris toutes mes économies (peu de chose, mais tout ce que je possédais) et, après avoir fait le signe de la croix, je traversai la terrasse et le jardin, me dirigeant vers la chaumière de Semen. Elle était à l'extrémité du village ; sans être vue de personne, je m'approchai de la fenêtre, j'y déposai l'argent, et je frappai. Quelqu'un sortit : j'entendis grincer la porte, une voix m'appeler ; mais je m'étais sauvée, tremblante autant qu'une criminelle, et je courus d'une haleine jusqu'à la maison. Katia s'enquit où j'avais été, et ce que j'avais : je ne compris rien de ce qu'elle me dit, et je ne lui donnai aucune réponse. Tout cela me semblait si insignifiant! Je m'enfermai dans ma chambre, et je me mis à marcher de long en large ; il m'était absolument impossible de faire ou de penser quelque chose, de me rendre compte de ce que j'éprouvais. Je me figurais la joie de cette malheureuse famille, l'expansion de reconnaissance qu'ils auraient eue pour leur bienfaiteur, et j'avais presque un regret de n'avoir point remis cet argent à eux-mêmes. Je songeai à ce que dirait Serge Michaïlovitch, en apprenant cette aventure, et je me félicitai de ce qu'il ne la connaîtrait jamais. Une telle allégresse s'empara de moi, je fus tellement imprégnée de ma perfection, et de la perfection des autres hommes, je vis le monde entier sous un jour si favorable, que l'idée de la mort surgit en moi comme la vision d'un bonheur. Je souriais, je priais, je pleurais, et en ce moment j'aimais avec une ardeur extrême et tous mes semblables, et moi-même. Je pris l'Évangile, et je commençai à lire ; plus je lisais, plus le livre devenait intelligible pour moi, plus je trouvais simple et touchante l'histoire de cette vie sublime, infinie, la profondeur des sentiments et des pensées contenus dans l'enseignement du Sauveur. Puis, si je quittais le livre pour considérer le milieu dans lequel je me mouvais, les choses se simplifiaient, s'expliquaient. Il me parut difficile de ne pas être bon, au contraire, facile d'aimer tous les hommes et de s'attirer l'amour de chacun. Tous étaient si bons et si affectueux pour moi, Sonia elle-même à qui je donnais toujours des leçons, était devenue tout autre avec moi : elle s'efforçait sérieusement de comprendre, de me procurer de la satisfaction, et de ne plus m'occasionner de peines. Ce que j'étais pour les autres, les autres l'étaient pour moi. Puis, passant à mes ennemis, dont je voulais obtenir le pardon avant de m'approcher de la Sainte Table, je me souvins d'une jeune fille, dont je m'étais moquée, un an auparavant, en présence de plusieurs personnes, et qui depuis lors ne venait plus à la maison. Je lui écrivis pour lui avouer mes torts, et lui demander de me pardonner. Elle me répondit en implorant elle-même un pardon, et en m'accordant le mien. Je pleurai de joie, en parcourant ces lignes très simples dans lesquelles je croyais voir l'expression d'une grande âme. Ma bonne pleura aussi, lorsque je lui demandai pardon. Pourquoi étaient-ils donc tous ainsi avec moi? Qu'avais-je fait pour mériter tant d'affection? Involontairement je songeai à Serge Michaïlovitch, et ma pensée s'attarda auprès de lui, malgré moi. D'ailleurs, je ne considérai pas ceci comme une faute. Sans doute, je ne m'occupais plus autant de lui maintenant, que dans cette nuit où j'avais appris qu'il m'aimait. A présent, il était un autre moi-même, et tout ce qui concernait mon avenir, le concernait aussi : l'oppression que j'avais éprouvée en sa présence, n'était plus qu'un souvenir vague. Maintenant, j'étais son égale, et des hauteurs où je planais en ce moment, je le comprenais parfaitement. Je voyais clair dans tout ce qui m'avait paru impénétrable jusqu'alors. Je comprenais pourquoi il assurait que le seul bonheur certain, c'est de vivre pour les autres, et je partageais son opinion.

Il me semblait qu'à nous deux, nous jouirions d'une félicité immense et douce. Je ne pensais plus aux voyages, au grand monde, au luxe ; je ne désirais plus qu'une existence très calme, toute de famille, à la campagne, dans une perpétuelle abnégation de soi-même, un amour inébranlable, une gratitude inexprimable pour les bontés de la Providence.

Ainsi que je me l'étais proposé, je fis mes dévotions le jour anniversaire de ma naissance. Mon cœur était plein d'un tel ravissement quand je sortis de l'église, que des craintes incessantes me revenaient — craintes pour ma vie, pour mes sensations, pour tout ce qui pouvait troubler ce ravissement. Mais à peine avions-nous mis pied à terre devant le perron, que le pont retentit au passage d'un cabriolet bien connu : aussitôt j'aperçus Serge Michaïlovitch.

Il me félicita et nous entrâmes ensemble au salon. Depuis que je le connaissais, je n'avais jamais été aussi sûre de moi en sa présence que ce jour-là. Je sentais que je portais en moi un monde inconnu auquel il devait être étranger; je n'éprouvais pas le moindre trouble. Sans doute il le remarqua; il se montra d'une déférence excessive, presque timide. Je voulus me mettre au piano, mais il le ferma et glissa la clef dans sa poche.

— Ne gâtez pas votre situation d'esprit, me dit-il, vous avez en vous une musique avec laquelle toutes les harmonies terrestres ne peuvent entrer en comparaison.

Je lui fus reconnaissante de ces paroles, et cependant j'eus une déception à le voir pénétrant aussi facilement ce qui devait rester un mystère pour tous.

Au dîner, il nous annonça qu'il venait me présenter ses compliments, et me faire ses adieux en même temps, car il partait le lendemain pour Moscou. Il regarda Katia, puis il me jeta un coup d'œil furtif comme s'il eût craint de voir une vive émotion se trahir sur mon visage. Cependant, je n'éprouvai ni trouble ni surprise; je ne lui demandai même pas s'il serait longtemps absent : je savais, j'étais certaine qu'il ne partirait pas. D'où me venait cette certitude? Aujourd'hui il m'est impossible de le deviner; mais alors il me semblait savoir tout, le présent et l'avenir. Je me trouvais dans une de ces extases qui donnent la raison de ce qui a été et de ce qui sera, voire même de la façon dont les choses arriveront. Il comptait se retirer immédiatement; mais Katia, nous ayant laissés seuls après table pour aller faire sa sieste, il dut attendre qu'elle reparût pour prendre congé d'elle. Comme les rayons du soleil nous aveuglaient dans le salon, nous passâmes sur la terrasse.

Nous étions à peine assis, que j'engageai

hardiment l'entretien qui allait décider du destin de mon amour. Je commençai donc à parler au moment où nous fûmes installés, ni plus tôt ni plus tard : rien n'avait été dit entre nous qui eût pu m'empêcher d'exprimer ce que je voulais exprimer. Je ne comprenais pas où j'avais puisé ce sang-froid, cette netteté d'expression dont je disposais : on eût dit que ce n'était pas moi qui parlais, que j'obéissais à une force indépendante de ma volonté. Serge Michaïlovitch avait pris place en face de moi, et accoudé sur la balustrade, il effeuillait machinalement une branche de lilas. Lorsque je pris la parole, il lâcha le rameau et posa la tête sur une main ; ce maintien était celui d'un homme très agité tout autant que d'un indifférent.

— Pourquoi voulez-vous partir ? demandai-je résolument, et je le regardai fixement.

— Des affaires! répliqua-t-il après un silence, tout en baissant les yeux.

Je compris qu'il lui serait très difficile de me donner un mensonge sur une question posée aussi carrément.

— Écoutez, repris-je, vous savez ce qu'est la journée pour moi : c'est un jour solennel à plus d'un titre. Si je vous interroge ainsi, ce n'est pas simplement pour vous montrer combien je m'intéresse à vous — vous n'ignorez pas que je suis habituée à vous et que je vous aime — mais c'est parce qu'il faut que je sache. Pourquoi partez-vous ?

— Il m'en coûte de vous dire la vérité... de ne point vous cacher la cause véritable de mon départ. Cette semaine, j'ai beaucoup pensé à vous et à moi et le résultat est celui-ci : il faut que je parte... Vous comprenez pourquoi... et si vous m'aimez, vous ne m'en demanderez pas davantage.

De la main, il s'essuya le front et se couvrit les yeux.

— Il m'en coûte... vous le savez...

Mon cœur se mit à battre avec violence.

— Je ne sais rien, dis-je, je ne puis rien savoir. Mais pour l'amour de Dieu, je vous en conjure, parlez ! je puis tout entendre, je serai calme...

Il me regarda, et changeant de posture, reprit sa branche de lilas.

— Du reste, reprit-il après un nouveau silence en essayant de raffermir sa voix, bien que ce soit à la fois absurde et impossible d'exprimer ces choses par des mots, je tenterai de vous faire comprendre, quoi qu'il m'en coûte...

Et son front se plissa comme s'il eût ressenti en ce moment une vive douleur physique.

— Eh bien? fis-je.

— Figurez-vous un homme, nommé A... — déjà âgé, désillusionné, et une jeune fille, nommée B... — jeune, heureuse, ignorante du monde et de la vie. Par suite de différentes circonstances, A... aime B... comme si elle était sa fille, mais jamais il ne s'est avisé de supposer qu'il pourrait l'aimer autrement.

Il se tut; moi, je ne dis rien.

— Mais, continua-t-il d'un ton soudain dégagé, sans me regarder, mais A... avait oublié que B... était jeune, que pour elle l'existence n'était encore qu'un jeu, qu'il l'aimerait peut-être d'un autre amour dont elle pourrait s'amuser. Alors un beau jour, il s'aperçut qu'un nouveau sentiment, quelque chose comme le remords, s'était glissé en lui et il eut peur; — il eut peur de voir rompre les anciennes relations d'amitié, et il résolut de s'éloigner avant que ces relations se fussent altérées.

Et de nouveau, dans un mouvement qui affectait d'être machinal, il se couvrit les yeux.

— Pourquoi craignait-il d'aimer d'un autre amour? demandai-je en refoulant mon émotion ; — ma voix était basse, mais assurée.

Sans doute, il crut y démêler une accentuation ironique, car il répondit d'un air froissé :

— Vous êtes jeune, je ne le suis plus. Il vous est permis de jouer, mais je dois songer à autre chose. Ne jouez pas avec moi, j'en souffrirais et vous pourriez le regretter un jour — voilà comment A parla. Mais tout ceci est enfantin. Vous comprendrez maintenant pourquoi je pars... N'en parlons plus, je vous en prie.

— Mais si, mais si, parlons-en! m'écriai-je, des larmes dans la voix. L'aimait-il? ne l'aimait-il pas? S'il ne l'aimait pas, pourquoi jouait-il avec elle comme avec une enfant?

— Oui, oui, A... fut coupable, répliqua-t-il avec vivacité, mais tout ceci eut une fin : ils se séparèrent... bons amis.

— Mais, c'est épouvantable! Et il n'y avait pas d'autre fin? demandai-je, effrayée moi-même de ce que je disais.

— Oui, il y avait une autre solution, reprit-il en baissant sa main et en me regardant fixement, il y avait deux dénouements possibles, mais, pour l'amour de Dieu, ne m'interrompez plus et écoutez-moi tranquillement... Les uns disent — et il eut un sourire douloureux et mélancolique — les uns disent qu'A... a perdu la tête, qu'A... a aimé B... à la folie, qu'il le lui a avoué et qu'elle en a ri. Pour elle, ce n'avait été qu'un simple badinage, alors que pour lui, c'était la chose la plus grave de toute sa vie...

Je frémis et je voulus lui faire remarquer qu'il ne devait pas se permettre de me faire agir ainsi. Mais il n'y consentit pas, et, posant sa main sur la mienne :

— Attendez, poursuivit-il d'une voix tremblante, d'autres affirment qu'elle a eu pitié de lui, que la malheureuse enfant s'est imaginée, dans son inexpérience, pouvoir l'aimer, et qu'elle est devenue sa femme. Lui, insensé, a cru... oui, il a cru qu'une nouvelle vie était possible pour lui, mais bientôt il a reconnu qu'elle l'avait trompé comme lui l'avait trompée... Restons-en là...

Visiblement, il ne put en dire davantage ; il se rassit en face de moi. Il avait dit : restons-en là, mais je vis bien qu'il attendait une réponse. Je voulus parler, mais je n'y réussis pas, tant j'avais la gorge serrée.

Je le regardai : il était pâle et sa lèvre tremblait. Je me sentis une pitié infinie pour lui ; je fis un nouvel effort et je parvins à rompre un silence qui m'étouffait ; je dis d'une voix calme et retenue qui menaçait de se briser d'un instant à l'autre :

— Il y a une troisième solution ; — je m'arrêtai, mais il se tut et je dus continuer ; — cette troisième solution, c'est qu'il ne l'aimait pas et qu'elle fut malheureuse, très malheureuse. Il crut avoir le droit de l'abandonner; bien plus, il fut fier de cet acte. Si quelqu'un pensait à se jouer de l'autre, c'était vous et non moi. Dès le premier jour, je vous ai aimé, oui aimé; — et ce dernier mot fut jeté comme dans un cri qui m'effraya moi-même.

Serge s'était levé brusquement; il était plus pâle, ses lèvres tremblaient plus fortement, et deux grosses larmes roulèrent sur ses joues.

— C'était mal! repris-je avec emportement, car je sentais que le dépit et les pleurs m'étouffaient, et, me levant aussi pour me retirer, j'ajoutai : et pourquoi?

Mais il me retint, et bientôt sa tête reposa sur mes genoux, il couvrit mes mains de baisers.

— Si j'avais su, mon Dieu! murmura-t-il.

— L'ai-je mérité? dis-je encore.

Et je sentis mon âme pleine d'une ivresse qui a disparu pour ne jamais revenir.

Cinq minutes ne s'étaient pas écoulées, que Sonia courait annoncer à Katia et à toute la maison, que Macha épousait Serge Michaïlovitch.

IV

Nous n'avions aucun motif de reculer notre mariage ; de plus, nous étions loin de le désirer. Sans doute, Katia insista pour aller à Moscou faire de nombreux achats et commander le trousseau ; la mère de Serge insista également pour que son fils fît l'acquisition d'une voiture neuve, d'un nouveau mobilier, et remplaçât les tapisseries de toute la maison, mais nous tînmes, lui et moi, à ce que tout cela fût remis à plus tard, et la noce célébrée quinze jours après mon anniversaire, sans bruit, sans corbeille, sans invités, sans festin, sans champagne, sans aucun des ingrédients dont un mariage est ordinairement agrémenté.

Serge Michaïlovitch me fit part du mécontentement de sa mère à ce propos. Pas de musique, pas d'avalanche de caisses, pas de maison bouleversée! Elle ne comprenait pas cela ; elle eût voulu que la noce de son fils ressemblât à la sienne, qui avait coûté trente mille roubles. Elle mettait à sac nombre de coffres et tenait de véritables conseils avec Mariouchka, la femme de charge, au sujet de certains tapis, de certains rideaux, de certaine argenterie absolument indispensables à notre bonheur, paraît-il. Katia n'en faisait pas moins avec ma bonne Kousminichna, et sur ce point elle était loin d'entendre plaisanterie. Avec la conviction que, sous prétexte de parler d'avenir, Serge et moi nous ne nous disions que des tendresses, ainsi que le voulait d'ailleurs la circonstance, elle était persuadée que notre bonheur futur dépendait de la bonne façon de mon linge et de la régularité d'ourlet des serviettes et des nappes. Il s'établit entre Prokovsk et Nikolsk un échange quotidien de communications secrètes sur les préparatifs, et bien que la mère de Serge et Katia eussent l'air d'être intimement liées, il se dégageait de leurs rapports une diplomatie serrée et légèrement hostile.

Tatiana Semenovna avait conservé les manières de voir d'un temps passé ; c'était une femme d'ordre et de principes. Serge l'aimait non seulement parce que sa qualité de fils lui en faisait un devoir, mais encore parce qu'il la considérait comme la femme la meilleure, la plus intelligente, la plus aimante et la plus aimable qu'il y eût au monde. Elle s'était toujours montrée bonne pour nous, surtout pour moi ; elle fut donc heureuse que son fils m'épousât. Mais lorsque je lui rendis visite, avant notre mariage, elle me donna à entendre, — du moins je le crus, — qu'il eût pu faire un meilleur parti, et que je lui devais de la reconnaissance. Je la compris fort bien et fus du même avis.

Pendant ces deux dernières semaines, nous nous vîmes tous les jours. Il arrivait pour le dîner et restait jusque vers minuit. Mais, bien qu'il eût assuré et que je fusse convaincue qu'il n'eût pu vivre loin de moi, il ne passait jamais la journée tout entière avec moi et il s'efforçait de ne pas négliger ses affaires. Nos rapports extérieurs furent ce qu'ils avaient été toujours ; nous continuâmes à nous dire *vous*. Il ne me baisait pas même la main et évitait de se trouver seul avec moi. On eût dit qu'il craignait d'être emporté par un accès de cette tendresse fougueuse qui lui était propre. Je ne sais lequel de nous deux avait changé, mais je me sentais son égale maintenant. Il n'avait plus rien de cette simplicité forcée qui me déplaisait en lui, et cet homme, qui m'avait inspiré tant de respect et de crainte, 'était devenu un véritable enfant tout transporté de bonheur. C'est un homme, tout simplement, me disais-je. Je voyais clair en lui, je le connaissais entièrement et je trouvais que tout dans sa nature était en harmonie avec la mienne. Les plans qu'il formait pour notre avenir correspondaient exactement aux miens, — avec cette différence qu'il les concevait mieux et les exposait en meilleurs termes.

Le temps fut mauvais pendant cette quinzaine et nous ne sortîmes guère ; pour causer à notre aise, nous avions choisi le coin entre la fenêtre et le piano. Les vitres posées sur le noir de la nuit reflétaient la lumière des bougies et sonnaient parfois sous les gouttes de pluie. Dehors, l'eau dévalait le long des gouttières et tombait bruyamment dans les flaques. Une humidité pénétrante montait vers nous, faisant paraître notre retraite plus claire, plus chaude, plus agréable.

— Savez-vous que j'ai sur le cœur quelque chose dont je voudrais vous parler, me dit-il un soir que nous étions restés seuls dans notre coin, plus tard que de coutume. Pendant que vous jouiez, j'y ai réfléchi longuement.

— Ne me dites rien, je sais tout.

— Vous avez raison ; n'en parlons plus.

— Si, tout de même. Qu'est-ce que c'est ?

— Eh bien, vous souvenez-vous de l'histoire d'A... et de B... que je vous ai racontée ?

— Comment ne me souviendrais-je pas de cette sotte histoire. Il n'est pas trop tôt qu'elle soit finie.

— Il s'en est fallu de peu que je brise de mes mains mon propre bonheur. C'est vous qui m'avez sauvé. Mais le plus grave, c'est qu'alors j'ai menti constamment. Voilà ce qui me pèse, et maintenant je voudrais vous avouer toute la vérité.

— Ah ! je vous en prie, n'en faites rien.

— N'ayez crainte, reprit-il en souriant, je voudrais me justifier. En commençant, j'avais l'intention d'engager une discussion.

— Pourquoi ? Il ne faut jamais de discussion.

— Je m'en tire si mal ! Quand, après toutes mes désillusions et toutes mes déceptions, je revins à la campagne, je me dis que désormais c'en était fait pour moi de l'amour, qu'il ne me restait plus rien, si ce n'est des devoirs. Je fus longtemps sans me rendre compte de mes sentiments pour vous et du résultat qui pouvait en advenir. Tour à tour, j'espérai et je désespérai ; parfois il me semblait que vous jouiez à la coquette, parfois il me venait un doute : bref, je ne savais que faire. Mais après cette soirée,

— vous vous souvenez ? — cette soirée où nous allâmes nous promener au jardin, mon bonheur m'effraya, tant il me parut grand, infini. Qu'arriverait-il si je me permettais d'espérer. Naturellement, je ne songeais qu'à ma propre personne, en parfait égoïste que j'étais.

Un instant il se tut et me regarda avant de poursuivre.

— Mais ce n'était pas tout à fait absurde ce que je vous disais; les choses pouvaient tourner ainsi et j'avais tout à craindre pour moi-même. Je recevais tant de vous et je vous donnais si peu ! Vous êtes encore une enfant, un bouton de rose qui attend son épanouissement; vous en êtes à votre premier amour, tandis que moi...

— Oui, dites-moi la vérité ! m'écriai-je, mais j'eus peur de ce qu'il allait me répondre et j'ajoutai : non, non, ne me dites rien.

— Vous voudriez savoir si j'ai déjà aimé ailleurs, n'est-ce pas? reprit-il, devinant ma pensée, eh bien! je puis vous l'assurer : je n'ai jamais aimé, je n'ai jamais rien éprouvé d'analogue à ce que je ressens en ce moment...

Mais tout à coup un souvenir parut l'oppresser.

— Ici même, il me fallait votre cœur pour avoir le droit de vous aimer, et il me fallait bien réfléchir avant de vous avouer que je vous aimais... Que vous apporté-je ? L'amour... sans doute...

— Est-ce donc si peu de chose? demandai-je en le regardant.

— Oui, peu de chose, chère amie, bien peu de chose pour vous. Vous êtes jeune, vous êtes belle... Souvent l'excès de bonheur m'empêche de dormir et je songe à l'existence commune qui nous attend. J'ai beaucoup vécu, et cependant il me semble que je viens de découvrir ce qui est indispensable au bonheur. Une vie retirée, très calme, dans une solitude champêtre avec la possibilité de faire beaucoup de bien autour de nous, parmi ceux qui y sont sensibles et à qui on en témoigne si peu ; puis du travail, un travail utile, des distractions, la nature, des livres, la musique, l'amour du prochain : voilà ma félicité, une félicité comme jamais je n'en ai rêvé de plus parfaite. Et puis, au-dessus de tout cela, une compagne comme vous, une famille, — tout ce que l'homme peut désirer.

— Oui.

— Oui, pour moi qui ai ma jeunesse dans

mon passé, mais non pour vous. Vous ne connaissez pas la vie, vous auriez pu chercher le bonheur dans d'autres conditions et peut-être l'eussiez-vous trouvé. Aujourd'hui tout cela vous paraît le bonheur parce que vous m'aimez.

— Non, je n'ai jamais aimé ni désiré autre chose que ce bonheur paisible et intime, et vous n'avez fait qu'exprimer ma pensée.

— Vous vous l'imaginez, ma chère amie. Mais en réalité, c'est bien peu de chose pour vous. Vous êtes jeune et belle, répéta-t-il avec insistance.

Je commençais à sentir quelque irritation de le voir se refuser à me croire et, jusqu'à un certain point, me faire un reproche de ma jeunesse et de ma beauté.

— Eh bien! pourquoi m'aimez-vous? demandai-je avec humeur, est-ce pour ma jeunesse ou pour moi-même?

— Je ne sais, mais je vous aime, répliqua-t-il, en fixant sur moi ses yeux ardents et fascinateurs.

Je gardai le silence, et machinalement je le regardai. Soudain un phénomène bizarre se manifesta : je cessai de voir ce qui m'entourait, son visage lui-même s'effaça, je ne distinguai plus que ses grands yeux tournés vers moi. Puis il me sembla que leur regard descendait jusqu'au plus profond de mon être; je me troublai, tout disparut et je dus fermer les paupières pour dissiper la sensation d'extase et de terreur que ses yeux avaient fait surgir en moi.

La veille du jour arrêté pour notre mariage, le temps se rasséréna vers le soir et nous eûmes la première nuit claire et froide de l'automne. L'air redevint limpide et le jardin s'offrit à nos regards nettement. Les arbres étaient dépouillés, les tons rouillés de l'arrière-saison dominaient partout; le ciel était pur, calme et rigide. J'allai me reposer avec la joie de voir le temps si bien disposé pour mon mariage; quand je me réveillai, de très bonne heure, la pensée que « c'était aujourd'hui » ne laissa pas que de me causer une certaine frayeur et quelque étonnement.

Je descendis au jardin. Le soleil venait de se lever et ses premiers rayons tombaient à travers les branches dénudées des tilleuls. Des feuilles mortes jonchaient l'allée. Les fruits du sorbier avaient rougi, tandis que les dahlias étaient noirs et recroquevillés par le froid. Une gelée blanche s'étendait sur la pelouse comme une couche d'argent, et, dans le ciel transparent, on n'eût pu voir un seul nuage.

— C'est donc bien pour aujourd'hui? me dis-je, ne pouvant croire encore à mon bonheur; ainsi demain, je ne serai plus ici, je me réveillerai dans cette belle maison de Nikolsk? Je ne l'attendrai donc plus, je ne parlerai donc plus de lui avec Katia, chaque soir, chaque nuit? Je ne me mettrai plus au piano près de lui dans notre salon? Je ne marcherai plus à côté de lui, toute peureuse dans les nuits noires?

Et je me souvins que la veille au soir il était venu pour la dernière fois, que Katia m'avait même obligée à essayer ma robe de mariée en disant : « C'est pour demain. » De sorte que parfois je croyais et qu'en d'autres moments je doutais. Allait-il falloir désormais vivre près d'une belle-mère, sans Nadejda, sans Gregor, sans Katia? Je n'embrasserais plus ma vieille bonne à l'heure de me mettre au lit, et elle ne me bénirait plus comme elle avait coutume de le faire en me disant : « Dormez bien, mademoiselle! » Je ne donnerais plus de leçons à Sonia, je ne jouerais plus avec elle, je ne cognerais plus à la muraille pour l'appeler, je n'entendrais plus son rire d'enfant. Était-ce bien aujourd'hui que mes espérances et mes désirs allaient prendre corps, qu'une nouvelle vie commencerait pour moi? Et cette nouvelle vie devait-elle durer toujours? J'attendais avec impatience la venue de Serge Michaïlovitch.

Il arriva tôt et à peine fut-il là, que j'eus aussitôt la certitude d'être sa femme le jour même, et dès lors cette pensée n'eut plus rien d'effrayant pour moi. Avant le dîner nous nous rendîmes à l'église, afin de prier pour mon père défunt. Que ne vit-il encore ! me disais-je en revenant à la maison, et je m'appuyais sur le bras de celui qui avait été son meilleur ami. Pendant que j'étais restée la tête courbée vers les dalles glacées, je m'étais tant appliquée à ressusciter l'image de mon père, que je crus vraiment sentir son âme planer sur nous et bénir mon choix. Ce souvenir, ces espérances, ce bonheur et cette tristesse, se fondaient en moi dans une sorte d'attendrissement grave. Et ce sentiment était en pleine harmonie avec le calme du ciel, la solitude des champs, la pâleur de ce soleil anémique dont les rayons s'efforçaient en vain de colorer mes joues. On eût dit que celui aux côtés duquel je marchais, comprenait ce qui se passait en moi et y prenait part. Il s'avançait, silencieux et lent; son visage, que j'examinais à la dérobée de temps à autre, avait une expression, grave, ni joyeuse ni triste, à l'unisson de ce que sentait mon cœur et de ce que disait le paysage. Tout à coup il se tourna vers moi et je vis qu'il voulait me parler.

— Un jour il me dit en plaisantant : « Tu devrais épouser Macha. »

— Qu'il serait heureux s'il était là ! répliquai-je en serrant plus fort le bras sur lequel reposait le mien.

— Oui, alors vous n'étiez encore qu'une enfant. Je baisais vos yeux parce qu'ils ressemblaient aux cieux. J'étais bien loin de soupçonner que plus tard ils me seraient si chers, à cause de moi-même. Je vous appelais Macha, tout simplement.

— Tutoyez-moi.

— J'allais le faire comme si tu n'étais bien à moi qu'à partir de cet instant.

Et son regard tranquille et heureux se reposa avec tendresse sur le mien.

D'un côté s'étendait devant nous un champ de chaume qui partait du ravin et montait jusqu'à la forêt. Un paysan marchait derrière sa charrue et traçait une bande plus sombre qui allait s'élargissant de plus en plus ; un troupeau de chevaux quittait la lisière et venait à nous. De l'autre côté, les semailles d'hiver commençaient à germer et à glacer de vert le terrain se déroulant jusqu'à notre jardin derrière lequel apparaissait la maison. Aux rayons pâles du soleil se mêlaient de longs fils qui flottaient dans l'air, recouvraient le chaume, s'accrochaient à nos vêtements et à nos cheveux. Lorsque nous parlions, nos voix avaient une sonorité comme si les sons fussent restés suspendus au-dessus de nos têtes, comme si nous eussions été seuls dans ce vaste monde, sous ce ciel immuable, dans cette lumière sans chaleur. Volontiers aussi, je l'eusse tutoyé, mais je n'y parvenais pas.

— Pourquoi marches-tu si vite? demandai-je enfin tout bas, en rougissant malgré moi.

Il ralentit le pas et me regarda plus tendrement encore.

Quand nous rentrâmes, la mère de Serge était arrivée ainsi que les quelques personnes auxquelles nous n'avions pu nous dispenser d'adresser une invitation. Jusqu'au moment où, la cérémonie terminée, je montai en voiture, je n'eus plus l'occasion d'être seule avec lui. L'église était presque déserte. Un seul coup d'œil me suffit pour apercevoir Tatiana Semenovna, installée sur un tapis; près du chœur, Katia coiffée de son bonnet à rubans lilas, puis quelques droroviés m'examinant curieusement. Je ne le vis pas, lui, mais j'avais conscience de son voisinage. Je suivis l'office et je répétai les paroles des prières, mais elles ne trouvèrent aucun écho dans mon âme. Il m'était impossible de prier. Vaguement je regardais les images, les cierges, la croix ornant le dos de la chasuble de l'officiant, puis une fenêtre, mais je ne comprenais rien. Tout au plus percevais-je qu'il se passait quelque chose d'extraordinaire en ce moment. Quand le prêtre se retourna pour me souhaiter d'être heureuse, pour me rappeler qu'il m'avait baptisée; quand Tatiana et Katia vinrent m'embrasser, que la voix de Gregor m'invita à monter en voiture, je fus prise d'étonnement et d'effroi à l'idée que tout était déjà fini et que cependant rien d'extraordinaire ne s'était produit et que je n'avais rien éprouvé de la sainteté du sacrement. Nous échangeâmes un baiser, et ce baiser me parut si singulier, si étranger à mes sentiments, qu'involontairement je me dis : « Et c'est tout ! » Nous sortîmes.

Le roulement de la voiture retentit jusqu'au fond des voûtes de l'église ; un air frais me caressa le visage, pendant qu'il se couvrait de son chapeau et m'installait sur la banquette. A travers la glace, je vis passer la lune froide dans un halo brumeux. Il s'assit près de moi et referma la portière j'en ressentis un contrecoup au cœur, comme si la fermeté avec laquelle il avait agi m'eût blessée. La voix de Katia me recommanda de me couvrir la tête, les roues dansèrent sur des cailloux, puis roulèrent doucement sur un chemin uni et la course s'accéléra. Blottie dans un angle, je contemplais les champs blanchis par la lune blafarde et la route qui semblait fuir dans le lointain. Et je me répétais : « Voilà donc tout ce que me réservait ce moment, — ce moment dont j'attendais de si grandes choses ! » Et je me sentais humiliée et froissée d'être si seule avec lui, si près de lui. Je me retournai pour lui adresser la parole, mais aucun mot ne sortit de mes lèvres. On eût dit que toute ma tendresse s'était évanouie, pour faire place au sentiment de l'offense reçue et de la terreur éprouvée.

— Jusqu'au dernier moment, j'ai douté

que cela pût être, dit-il doucement, répondant à mon regard.

— Moi... j'ai peur... je ne sais pourquoi.

— Comment, peur de moi, chère Macha? reprit-il en saisissant ma main et en se penchant vers moi.

Ma main resta inerte dans la sienne et un froid douloureux me traversa le cœur.

— Oui, murmurai-je.

Puis, mon cœur se reprit à battre plus fort, ma main se réchauffa et étreignit la sienne, mes yeux cherchèrent les siens dans l'ombre et je sentis que je n'avais plus aucune peur de lui. Un nouvel amour plus ardent, plus puissant, s'éveillait en moi : j'étais à lui tout entière, et j'étais heureuse de cette possession.

V

Des jours, des semaines, deux mois complets s'écoulèrent dans une existence paisible, à notre insu pour ainsi dire, et cependant les sensations, les émotions et les ivresses de ces deux mois eussent pu suffire à une existence. Notre vie à la campagne n'était pas la réalisation exacte du rêve que nous avions fait, mais elle était plus belle encore que nous ne l'avions rêvée. Ce n'était pas l'existence austère toute consacrée au travail, au devoir, au dévouement, à l'abnégation que je m'étais arrangée avant mon mariage : c'était plutôt une jouissance égoïste, exclusive de notre amour, le désir d'être toujours aimée, des joies sans cause et sans fin, un oubli absolu des choses de ce monde. Sans doute, il restait quelquefois à sa chambre pour un motif ou l'autre, allait à la ville ou s'occupait de son domaine, mais je voyais bien tout ce qu'il lui fallait d'efforts pour s'arracher de moi. Lui-même m'avoua plus tard que là où je n'étais pas, tout lui semblait vide, morne, sans aucun intérêt pour lui.

Il en était de même pour moi, je lisais, je faisais de la musique, je m'occupais avec Tatiana Semenovna, mais uniquement parce que tout cela se rapportait plus ou moins à lui et lui faisait plaisir. Dès qu'il s'agissait d'une chose ne se conciliant plus avec sa pensée, mes mains retombaient et l'idée qu'il pouvait y avoir quelque chose en dehors de lui, me semblait ridicule. Peut-être ceci était-il un sentiment égoïste et coupable, mais il me rendait heureuse et me mettait au-dessus des vulgarités de la vie. Lui seul existait pour moi et je le considérais comme l'être le plus beau et le meilleur qu'il y eût sur la terre ; je ne pouvais donc vivre que pour lui, que pour rester moi-même ce que j'étais pour lui. Il voyait en moi la plus belle des femmes, douée de toutes les perfections, et je m'efforçais d'être cette femme, pour le meilleur des hommes.

Un jour il entra dans ma chambre au moment où j'étais en prière. Je le regardai sans m'interrompre ; il s'assit et ouvrit un livre. Mais je sentis qu'il avait les yeux fixés sur moi ; je me retournai : il sourit, je fis comme lui et il me fut impossible de prier plus longtemps.

— As-tu prié ? demandai-je.

— Oui, continue, je reviendrai.

— Mais tu pries vraiment, j'espère ?

Il voulut s'esquiver sans répondre, mais je le retins.

— Cher, viens prier avec moi, pour me faire plaisir.

Il prit place à côté de moi, laissa tomber ses bras, gauchement, et se mit à lire, en bredouillant. De temps à autre il me regardait comme pour me demander de venir à son aide. Quand il eut fini, j'éclatai de rire et je l'embrassai.

— Mignonne, il me semble que j'ai dix

ans! dit-il, tout rouge encore, en me baisant la main.

Notre demeure était une de ces antiques habitations qui ont abrité sous leur toit plusieurs générations d'une même race. De toutes choses s'exhalaient des souvenirs bons et purs qui devinrent les miens, en quelque sorte, dès que j'en eus franchi le seuil; Tatiana Semenovna y maintenait sévèrement un règlement de vie à l'ancienne mode. On ne pouvait affirmer que tout y fût beau et élégant; mais du personnel aux repas, sans oublier l'ameublement, tout était abondant, simple et propre, tout inspirait la considération. Les meubles du salon étaient disposés avec symétrie; les parois étaient ornées de tableaux et le parquet disparaissait sous un tapis qu'agrémentaient des paysages. Un vieux piano, deux chiffonniers de styles différents, des sofas, des guéridons de marqueterie complétaient ce mobilier. Ma chambre, à laquelle Tatiana avait donné toutes ses attentions, était un rassemblement de toutes les époques et de toutes les manières. Il y avait entre autres un antique trumeau qui m'avait causé d'abord quelque effarement, mais qui bientôt me fut cher autant qu'un ami.

La voix de Tatiana Semenovna ne se faisait jamais entendre et cependant tout marchait régulièrement comme dans une horloge bien réglée, malgré la quantité de personnes au moins inutiles. Mais ces innombrables domestiques portaient des chaussures sans talons qui ne produisaient aucun bruit — Tatiana affirmait que rien n'était plus désagréable en ce monde que le craquement des semelles et le tapotement des talons — tous ces domestiques semblaient fiers de leurs fonctions. Ils tremblaient devant la vieille dame et prenaient des airs protecteurs envers moi et mon mari. Ils s'acquittaient de leurs besognes avec un zèle remarquable. Le samedi soir on lavait tous les parquets, on battait tous les tapis, et le premier de chaque mois il y avait service divin et bénédiction de l'eau. A la fête de Tatiana et de son fils — ainsi qu'à la mienne désormais — un banquet était offert aux voisins et les choses allaient ainsi depuis longtemps, elles avaient toujours été ainsi depuis aussi longtemps que Tatiana Semenovna se souvenait.

Mon mari ne se mêlait pas du ménage ; il ne s'occupait que des travaux du dehors, mais il s'en occupait très activement. Il se levait de bonne heure, même en hiver, de sorte que le plus souvent il était déjà sorti quand je me réveillais. Règle générale il revenait pour le thé — que nous prenions seuls — et, malgré les fatigues et les soucis que cause une grande exploitation, il était presque toujours dans cette heureuse situation d'esprit que nous appelions transport-frénétique. Fréquemment je lui demandais de me raconter ce qu'il avait fait dans sa matinée, et alors il me narrait les choses les plus invraisemblables qui nous forçaient à éclater de rire. Si j'exigeais un rapport sérieux, il me le donnait, avec un sourire mal refoulé. Alors je regardais ses yeux, je suivais le mouvement de ses lèvres, mais je ne comprenais rien : j'étais heureuse de le voir et d'entendre sa voix.

— Eh bien, qu'ai-je dit ? Répète-le moi, ajoutait-il.

Mais je ne pouvais rien répéter. Fait assez étrange, il ne parlait ni de moi ni de lui, mais toujours d'un tiers. Beaucoup plus tard je commençai à m'initier à ses travaux et à m'y intéresser.

Tatiana Semenovna était invisible jusqu'au dîner. Elle prenait le thé seule et nous envoyait le bonjour par un messager. Dans notre petit monde si heureux et si jeune elle avait une place toute spéciale. Aussi avais-je peine à retenir un éclat de rire fou quand sa femme de chambre, les bras croisés sur la poitrine, nous annonçait gravement que madame l'avait chargée de s'informer si nous avions bien reposé après notre promenade de la veille, et en outre de porter à notre connaissance que madame avait eu des douleurs et qu'un imbécile de chien avait aboyé la nuit et l'avait empêchée de dormir; de plus elle avait mission de nous demander notre avis sur le gâteau qui avait été cuit par Nicolas, à titre d'essai ; Nicolas s'en était assez bien tiré pour la pâtisserie, mais que, quant aux biscuits...

Nous étions rarement ensemble avant le dîner. Je faisais de la musique ou je lisais, seule ; mon mari écrivait ou sortait, mais nous nous réunissions vers quatre heures au salon. Maman quittait sa chambre et nous voyions aussi apparaître des gentilshommes pauvres ou des pèlerins, car la maison en hébergeait toujours deux ou trois au moins. Suivant une ancienne habitude, mon mari offrait le bras à sa mère quand nous passions à la salle à manger, mais elle exigeait que je prisse l'autre, et nous avions beaucoup de peine à franchir, régulièrement la porte.

Tatiana Semenovna présidait le repas et la conversation prenait un ton grave, posé, presque solennel. Les quelques propos, moins doctes, que nous échangions mon mari et moi, apportaient seuls un peu de diversion agréable dans ces séances gastronomiques. Parfois l'entretien s'animait entre la mère et le fils, à propos d'opinions différentes ; je trouvais un plaisir très vif à ces petites discussions, dans lesquelles se manifestait hautement l'amour tendre et profond que les deux adversaires avaient l'un pour l'autre. Après le dîner, maman s'installait dans un grand fauteuil, râpait son tabac ou coupait les derniers livres arrivés. Nous lisions à haute voix ou nous allions nous mettre au piano, dans le grand salon.

Nous fîmes beaucoup de lectures en

commun à cette époque, mais notre plus cher passe-temps fut toujours la musique, qui chaque fois faisait résonner de nouvelles cordes dans notre cœur et nous révélait l'un à l'autre sous un nouveau jour. Quand je reprenais nos morceaux favoris, il s'asseyait à quelque distance, sur un sopha où je pouvais le voir à peine, et par suite d'une certaine délicatesse il s'efforçait de dissimuler l'impression que mon jeu produisait sur lui. Souvent je me levais au moment où il s'y attendait le moins et je courais à lui pour chercher sur son visage les traces de son émotion, surprendre l'éclat presque surnaturel de ses yeux voilés qu'il essayait en vain de me dérober.

Maman eut maintes fois l'envie de venir voir si nous étions bien dans le grand salon, mais la crainte de nous déranger la retenait sans doute. Cependant je la vis à différentes reprises traverser la pièce d'un air dégagé, comme si elle ne nous remarquait pas ; je savais qu'elle devait avoir ses raisons pour aller à sa chambre et en ressortir aussi rapidement.

Le soir, je servais le thé dans le grand salon et la réunion était complète. Ces assemblées imposantes devant le samovar étincelant et mes fonctions d'échanson me causèrent longtemps le plus vif émoi. Il me semblait toujours que j'étais trop jeune, trop étourdie pour mériter l'insigne honneur de tourner le robinet d'un samovar de cette taille, pour placer les tasses sur le plateau du domestique en disant: Pour Pierre Ivanovitch, pour Marie Minitchna! m'informer si le thé était assez sucré, envoyer du sucre aux gens de service.

— Parfait ! parfait ! tout comme une dame ! s'exclamait parfois mon mari, et mon trouble ne faisait qu'en augmenter.

Après le thé, maman faisait une patience ou demandait à Marie Minitchna de lui tirer les cartes ; puis elle nous embrassait et nous bénissait : nous nous retirions ensuite dans notre appartement. Règle générale, nous prolongions notre veillée en tête-à-tête au delà de minuit ; c'étaient nos heures les plus douces et les meilleures.

Il me racontait son passé, nous faisions des projets, nous philosophions, ayant soin de baisser le ton afin de n'être point entendus à l'étage par Tatiana Semenovna, qui voulait nous savoir au lit de bonne heure. Parfois alors la faim nous reprenait et nous allions rendre visite au buffet ou réclamer sous la protection de Nikita un souper froid que nous emportions dans ma chambre.

Mon mari et moi nous vivions presque en étrangers dans cette grande maison dans laquelle planaient au-dessus de toutes choses l'esprit routinier de Tatiana Semenovna et les traditions de famille. Comme ma belle-mère, les domestiques, les meubles, les tableaux m'inspiraient du respect, voire même une certaine crainte. Je sentais que ni moi ni mon mari n'étions à notre place et que nous avions à nous montrer attentifs et circonspects. Je me souviens maintenant que cette régularité sévère et imperturbable, cette abondance de gens désœuvrés et curieux nous pesaient lourdement, mais, en revanche, resserraient plus fortement notre amour. Et lui et moi nous nous gardions bien de laisser deviner que quelque chose nous déplaisait.

9

On eût dit aussi que mon mari s'efforçait de ne pas voir ce qui était mal. C'est ainsi que Dimitri Sidoroff, un domestique de maman, qui était fumeur enragé, avait l'habitude d'entrer dans le cabinet de mon mari et d'y prendre son tabac quand nous étions au grand salon après le dîner. Rien n'était plus singulier que l'air joyeusement effaré de mon mari quand il venait à moi, sur la pointe du pied, et me désignait du geste et du regard Dimitri Sidoroff bien éloigné de se savoir pris en flagrant délit. Et lorsque Dimitri se retirait sans nous avoir aperçus, mon mari me jurait que tout s'était passé sans encombre, que j'étais une charmante créature — et il m'embrassait. Parfois je me sentais irritée de ce calme, de cette tolérance, de cette indifférence : j'oubliais que j'agissais de même et je prenais cela pour de la faiblesse.

— Est-ce donc un enfant pour n'oser vouloir? me disais-je.

— Oh! ma chère Macha, répliqua-t-il, un jour que je lui avais laissé voir mon étonnement à ce sujet, comment être mécontent d'une chose ou d'une autre quand on est aussi heureux que je le suis? Il est infiniment plus facile de céder aux autres que de les faire céder, j'en ai la conviction depuis longtemps; il n'y a pas de situation dans laquelle on ne puisse trouver le honheur. Nous sommes si bien! Je ne puis plus me fâcher; il n'y a plus de mal pour moi; je ne vois plus que du triste ou de l'amusant. Mais, avant tout, je pense que le mieux est l'ennemi du bien. Croirais-tu que, en entendant sonner, en ouvrant une lettre, en me réveillant même, j'ai peur — peur de vivre, peur de voir survenir des transformations dans notre existence ? Car, jamais nous ne pourrons être plus heureux que maintenant.

J'étais de son avis sous ce rapport, mais je ne le comprenais pas entièrement. J'étais complètement heureuse, il me semblait que tout devait aller ainsi pour nous, ne pouvait aller autrement ; que les autres hommes étaient heureux aussi, mais d'un bonheur différent et moins parfait.

Deux mois s'écoulèrent et l'hiver nous ramena le froid et les tourmentes de neige. Bien que Serge Michaïlovitch restât près de moi, je commençai à éprouver le sentiment de l'isolement, à sentir que notre vie se répétait sans cesse, que rien de nouveau ne se présentait ni pour moi ni pour lui, mais qu'au contraire nous revenions en arrière, vers d'anciens buts. Il s'occupa plus que jamais de ses travaux et il me sembla garder au fond de son âme un monde dont l'entrée m'était interdite. Son calme immuable m'exaspérait. Je ne l'aimais pas moins qu'autrefois et je n'étais pas moins heureuse de posséder son amour, mais le mien restait au même point, ne grandissant plus, permettant à une sensation nouvelle et inquiétante de se glisser dans mon cœur. C'était peu pour moi de continuer à aimer après avoir connu la joie d'aimer pour la première fois. Il me fallait le mouvement, l'agitation, le danger, le sacrifice, pour donner des preuves de mon amour ; il y avait en moi une accumulation de force que notre existence paisible et régulière ne m'offrait pas l'occasion de dépenser.

J'avais des accès de tristesse que je m'efforçais de lui cacher comme autant de fautes, des explosions de gaieté et de folle tendresse qui l'effrayaient. De même qu'autrefois il m'étudiait sans cesse et un jour il me proposa de partir pour la ville ; je le priai de n'en rien faire, de ne rien changer à notre vie, de ne point toucher à notre bonheur. En effet, j'étais heureuse tout en souffrant de ce que ce bonheur n'exigeait de moi aucune peine, aucun dévouement, alors que le besoin de peiner et de me dévouer qui était en moi réclamait impérieusement un champ d'action. Je l'aimais, et je voyais bien que pour lui j'étais tout, mais j'eusse voulu voir surgir des obstacles entre nous, afin de montrer que je l'aimais malgré tout. Mon cerveau et mon cœur n'étaient plus occupés que de cela ; il y avait encore cependant la jeunesse qui aspirait à l'activité — une activité qui m'était refusée.

Pourquoi m'avait-il dit que nous partirions pour la ville quand je voudrais ? Ne m'avait-il pas dit aussi, ou du moins n'avais-je pas compris, à ses dires, que ces aspirations étouffantes étaient une chimère, un défaut même, que le sacrifice tant désiré par moi était là sous ma main, qu'il consistait dans le refoulement de ces aspirations et de ces désirs ? La pensée qu'il m'était possible de me débarrasser de ma mélancolie en allant nous fixer à la ville me passait par la tête involontairement. Mais, en partant je le séparais de tout ce qui lui était cher et j'avais scrupule de voir ce déchirement se produire à cause de moi.

Le temps marchait et la neige s'amoncelait contre les murs de Nikolsk. Et nous étions toujours seuls, tout en tête-à-tête, tandis que là-bas dans les bruits et les gloires du monde des hommes s'agitaient, souffraient, vivaient, ignorant notre existence et notre abandon. La situation était d'autant plus critique pour moi que je sentais chaque jour augmenter la force des habitudes dans lesquelles notre vie se moulait peu à peu. Nous perdions notre liberté de sensations qui se pliait de plus en plus à la marche méthodique et monotone de notre existence. Être gais le matin, solennels au dîner, affectueux le soir : nous ne sortions plus de là.

— Bien agir, me disais-je, c'est très beau de bien agir et de vivre honnêtement, mais nous avons le temps, et il y a encore autre chose que je me sens la force et l'envie de faire.

Il me fallait la lutte : j'avais hâte de voir

mes sentiments devenir notre guide dans la vie au lieu d'attendre que la vie dirigeât nos sentiments. J'aurais voulu m'avancer avec lui au bord d'un abîme et lui dire : Un pas et je tombe, je suis perdue ! être témoin de sa pâleur, de l'effort dans lequel il m'aurait enlevée de son bras vigoureux pour m'emporter où il eût jugé bon, comme on emporte une proie.

Cet état ne tarda pas à exercer son influence sur ma santé et mes nerfs de vinrent malades.

Un matin je me trouvai plus mal que de coutume. Mon mari rentra de mauvaise humeur, ce qui ne lui arrivait pas souvent. Je m'en aperçus aussitôt et je m'informai de ce qui l'avait contrarié ; il ne voulut point me l'apprendre, sans doute, car il me répondit évasivement, assurant que l'affaire ne valait pas la peine d'en parler. Plus tard, je sus que l'ispravnik avait fait appeler plusieurs de nos paysans et, par animosité contre mon mari, avait exigé d'eux quelque chose d'illégal, au moyen de menaces. Mon mari n'avait pu digérer ce procédé, et, comme tout cela était assez misérable et assez ridicule en somme, il avait cru inutile de me le raconter. Je crus qu'il ne voulait pas m'en parler parce qu'il me considérait comme une enfant incapable de comprendre ce qui l'intéressait, lui. Je m'écartai sans dire mot et je fis demander à Maria Minitchna, en visite chez nous, de venir prendre le thé.

Après le thé que je pris rapidement, j'entraînai Maria Minitchna au grand salon et j'engageai avec elle une conversation quelconque qui, certainement, ne pouvait avoir grand attrait pour elle. Mon mari passa dans sa chambre tout en se retournant à différentes reprises pour nous regarder. Je ne sais pourquoi, mais ces regards excitaient ma démangeaison de parler et de rire. Je trouvais on ne peut plus comique ce que je disais et ce que répondait ma compagne. Enfin, il se retira chez lui et s'y enferma. Dès que je ne l'entendis plus, toute ma verve disparut, de sorte que Maria Minitchna me regarda avec étonnement et me demanda ce que j'avais. Au lieu de répliquer, je m'assis sur le sopha, toute prête à fondre en larmes.

— Quelle singulière idée, pensai-je, de me faire sentir que c'est une bagatelle ; il doit se dire que je ne comprends pas. Qu'a-t-il besoin de m'humilier avec son calme hautain, de me montrer qu'il a toujours raison contre moi. N'ai-je pas raison aussi, moi, de m'ennuyer, de ne voir que du vide autour de moi, de vouloir vivre enfin, de ne pas rester immobile sur place à regarder fuir le temps ? Je veux aller en avant, tous les jours, constamment ; je veux du nouveau pendant que lui prétend prendre racine ici et m'y retenir auprès de lui. Et pourtant qu'il serait facile pour lui de me donner satisfaction, qu'il vienne avec moi, qu'il soit pour moi ce que je suis pour lui. Qu'il ne se cache plus, qu'il ne se dissimule plus, qu'il se montre tel qu'il est réellement. Voilà ce qu'il exige de moi et ce qu'il n'exige pas de lui-même.

Je sentis des larmes gonfler mes paupières, un poids m'écraser le cœur et une amertume sourdre en moi contre moi. J'eus peur de moi-même et je courus le rejoindre.

Il était assis et écrivait ; lorsqu'il m'entendit, il releva la tête, froidement, poliment, puis continua son travail. Ce mouvement me déplut, et au lieu de m'approcher de lui, je restai debout près de sa table et j'ouvris un livre que je commençai à feuilleter. Il se tourna de mon côté et me regarda une seconde fois.

— Macha, tu as quelque chose, me dit-il.

— Jolie question ! D'où te vient tant d'amabilité ? répondis-je d'un regard.

Alors il secoua la tête et me sourit d'un air tendre et craintif, mais pour la première fois son sourire ne provoqua pas le mien.

— Et toi, qu'as-tu ? Pourquoi ne veux-tu pas me le dire ? repris-je.

— Une histoire stupide... un simple désagrément. Si tu y tiens, je puis te la raconter. Deux de nos paysans..

— Pourquoi ne l'as-tu pas fait avant le thé, quand je te l'ai demandé ?

— J'étais en colère et j'aurais pu te dire quelque sottise.

— Mais c'est quand je t'ai interrogé que tu aurais dû tout me dire.

— Pourquoi?

— Pourquoi t'imagines-tu que je ne puisse t'être utile en rien ?

— Comment, je m'imagine cela ? fit-il en jetant sa plume. Je crois tout simplement qu'il m'est impossible de vivre sans toi et je te répète que non seulement tu es ma collaboratrice mais que c'est par toi que tout se fait. Quelle singulière idée tu as, ajouta-t-il en riant, je ne vis qu'en toi, je ne vois rien qu'en toi, et si je trouve quelque chose de bien et de beau, c'est parce que tu es là !

— Oui, je sais tout cela, je suis une brave enfant qu'il est indispensable de rassurer, répliquai-je d'une voix telle qu'il me regarda d'un air surpris et m'examina comme s'il ne m'eût jamais vue, mais j'en ai assez de ce calme plat, plus qu'assez.

— Eh bien, écoute donc ce dont il s'agit, dit-il vivement comme pour ne pas me laisser le temps de finir, écoute et dis-moi ce que tu en penses.

— Non, je ne veux plus rien entendre maintenant.

Bien que j'eusse tout entendu avec plaisir, je préférai le faire sortir de sa quiétude habituelle.

— Je ne veux pas jouer à la vie, repris-je, je veux vivre — et vivre autant que toi.

Sur ses traits si mobiles où se reflétait la plus légère émotion, je pus lire la souffrance et une attention excessivement tendue.

— Je veux vivre, comme toi, dans les mêmes conditions que toi...

Mais je ne pus achever tant sa douleur me parut aiguë. Il garda un instant le silence.

— Et en quoi ne te trouves-tu pas dans les mêmes conditions que moi ? demanda-t-il. Le cas de l'ispravnik et des paysans ivres me regardait et non toi.

— Oui, mais il n'y a pas que ce cas.

— Pour l'amour de Dieu, comprends-moi bien, mon cœur ! Je sais que toute agitation serait funeste à notre bonheur, je sais cela par expérience ; je t'aime et je voudrais t'éviter toute agitation. Mon devoir est là ; ne m'empêche donc pas de l'accomplir.

— Tu as toujours raison, dis-je sans le regarder.

Le dépit me reprenait en présence de la

paix et de la sérénité qui régnaient en lui, alors que je sentais quelque chose comme un remords naître en moi.

— Macha, qu'as-tu ? Il ne s'agit pas pour l'instant de savoir si j'ai tort ou raison ; il s'agit d'une chose toute différente — de ce que tu as contre moi. Ne parle pas maintenant : réfléchis et alors dis-moi toute ta pensée. Tu es mécontente de moi et ce ne peut être sans motif, mais démontre-moi en quoi j'ai été injuste envers toi.

Comment aurais-je pu lui exprimer ce qui n'était encore que lointaine confusion dans mon âme ? Mais l'idée qu'il m'avait devinée, que j'étais là devant lui comme une enfant, que je ne pouvais rien faire qu'il ne comprît et qu'il n'eût prévu, cette idée m'irrita.

— Je n'ai rien contre toi, ripostai-je,

mais je m'ennuie et je voudrais ne plus m'ennuyer. Mais toi, tu prétends que tout est bien. Tu as raison, encore raison.

Tout en parlant je le regardai et je constatai que cette fois j'avais atteint mon but. C'en était fait de son beau calme, et la crainte et la souffrance étaient les seuls sentiments trahis par sa physionomie expressive.

— Macha, reprit-il d'une voix émue et tremblante, tout ceci n'est pas un jeu. Il y va de notre bonheur. Je te prie de ne pas en finir immédiatement et de m'écouter. Pourquoi me torturer ainsi ?

— Je sais que tu auras raison, fis-je l'interrompant, n'ajoute rien : tu as raison.

Et j'avais pris un ton si glacial que c'était non moi, mais un démon logé en moi qui parlait. Je me mis à pleurer et je me sentis un peu soulagée. Il restait silencieux à côté de moi, me plaignant sans doute, tandis que j'avais honte et dépit de ma conduite ; il ne pouvait me regarder d'un œil sévère et troublé. Je me retournai et je vis son regard reposant sur moi, plein de douceur et de tendresse comme pour me demander pardon. Alors je pris sa main et je lui dis :

— Pardonne-moi, je ne savais ce que je disais.

— Mais moi, je le sais et tu avais raison.

— Qu'était-ce donc ?

— Que nous devions partir pour Pétersbourg. Nous n'avons plus rien à faire ici.

— Comme tu voudras.

— Pardonne-moi, dit-il en me serrant dans ses bras et en me donnant un baiser, j'avais tort.

Ce soir-là je restai plus longtemps que d'habitude au piano ; lui, allait et venait à travers le salon en se parlant bas : c'était une chose qui lui arrivait fréquemment. Lorsque je lui demandais ce qu'il avait dit il devenait pensif en me le répétant. Le plus souvent c'étaient des vers ; quelquefois un mot amusant. Mais à ces mots, je reconnaissais l'état de son âme.

— Que viens-tu de dire? lui demandai-je.

Il s'arrêta et, après avoir songé un instant, il se mit à rire et me cita ces deux vers de Lermontoff :

> Appeler la tempête ! avait-il donc pensé
> Qu'il trouverait le calme en elle, l'insensé ?

— Non, il n'est pas homme simplement, me dis-je, il voit tout, il sait tout. Comment ne l'aimerais-je pas ?

Je me levai, et, lui prenant le bras, je marchai à côté de lui en m'efforçant de mesurer mon pas sur le sien.

— Eh bien ? fit-il pendant qu'il me regardait en souriant.

— Eh bien ? répétai-je à voix basse.

Il me sembla qu'une joie immense se répandait en nous. Nos yeux brillèrent, notre démarche se fit plus légère, et, à la grande stupéfaction de Gregor, l'étonnement de maman absorbée par sa patience, nous traversâmes toutes les pièces pour gagner la salle à manger. Arrivés là, nous nous arrêtâmes, et, nous regardant, nous éclatâmes de rire.

Quinze jours plus tard nous nous installâmes à Pétersbourg bien avant les fêtes.

VI

Le voyage, un séjour d'une semaine à Moscou, des visites aux parents de nos deux familles, l'agencement de notre appartement, une nouvelle ville, des visages nouveaux, tout cela défila devant moi comme un rêve. Tout cela était si varié, si gai, si rayonnant, tout cela m'enveloppait de lumière, de chaleur et d'amour, si bien que notre existence si paisible de la campagne me parut bien loin déjà et bien insignifiante.

Au lieu de la froideur et de la politesse hautaine auxquelles je m'étais attendue, je ne rencontrai partout, à mon grand étonnement, qu'une franche sympathie et la plus parfaite amabilité, non seulement parmi nos connaissances mais encore chez les personnes étrangères. On eût dit que tout le monde n'avait pensé qu'à moi et attendu mon arrivée avec une vive impatience. En outre, je retrouvai dans les cercles mondains, les plus distingués même, nombre d'amis de mon mari dont il ne m'avait jamais parlé. Parfois j'étais singulièrement et désagréablement affectée des jugements sévères portés par lui sur maints de ces amis qui me semblaient d'excellentes natures. Je ne pouvais comprendre sa froideur vis-à-vis d'eux, son soin d'éviter des personnages dont la fréquentation ne pouvait que nous être utile, à mon point de vue ; je pensais que plus on connaît d'hommes bons, mieux cela vaut, et je les voyais tous bons.

— Voici ce que nous ne devons pas oublier, m'avait-il dit au moment du départ, ici nous sommes des Crésus, mais à Pétersbourg nous ne serons pas même riches. Il faut donc que nous n'y restions que jusqu'à Pâques et que nous n'assistions pas aux grandes fêtes si nous ne voulons pas éprouver de la gêne. Et même pour toi je n'aimerais pas...

— Pourquoi irions-nous à des fêtes ? Nous avons nos parents, les théâtres, l'opéra où nous pourrons entendre de bonne musique.

Mais à peine étions-nous arrivés que tous ces bons propos s'évanouirent. J'étais subitement transplantée dans un milieu si inconnu et si beau, tant de plaisirs me retenaient, tant de choses intéressantes m'absorbaient, que d'un seul coup je reniai inconsciemment et mon passé et mes louables intentions. Jusqu'à présent je n'avais eu devant moi qu'une pâle copie de la vie, je n'avais pas encore vécu. Maintenant la vie réelle s'ouvrait à moi : qu'allait-elle me donner ?

Les inquiétudes et l'ennui auxquels j'avais été en proie à Nikolsk, disparurent complètement, comme par magie. Mon amour pour mon mari se fit moins passionné et jamais je n'eus la pensée qu'il pouvait m'aimer moins qu'auparavant. Il m'eût été impossible en effet de douter de son amour, car Serge Michaïlovitch devinait chacune de mes pensées, de même qu'il partageait chacune de mes sensations et qu'il exauçait chacun de mes désirs. Son calme si serein n'existait plus, ou du moins il ne me causait plus la même irritation, et je sentais qu'à son amour d'autrefois quelque chose s'était joint en lui qui m'attirait également. Quand nous avions fait une visite, accueilli quelque nouvelle connaissance, ou que toute tremblante par crainte d'avoir commis quelque sottise, j'avais rempli toute une soirée mes devoirs de maîtresse de maison, souvent il me disait :

— Parfait, mon enfant, courage ! Bravo, c'est très bien !

Ces marques d'approbation me remplissaient de joie. Peu de temps après notre arrivée il écrivit à sa mère, et lorsqu'il m'invita à ajouter quelques ligne à sa lettre, il refusa de me laisser lire ce qu'il avait lui-même écrit. Naturellement j'insistai et voici ce que je lus :

« Tu ne reconnaîtrais pas Macha, pas plus que je ne la reconnais moi-même. Où donc a-t-elle pris cette assurance charmante, cette animation, cet air mondain, cette amabilité? Et elle reste si simple, si naturelle, si gracieuse ? que tout le monde en est ravi. Moi-même je ne puis assez l'admirer et je crois que je l'en aime encore davantage, si c'est possible. »

Voilà donc ce que je suis! pensai-je.

Cette lettre me fit tant de bien et tant de plaisir que je crus sentir se doubler mon amour pour mon mari. Mes succès offraient quelque chose d'inespéré pour moi. Partout on me répétait sur tous les tons que là j'avais fait les délices d'un oncle, qu'ici une tante s'extasiait à propos de moi, qu'on eût en vain cherché ma pareille à Pétersbourg, que je n'avais qu'à vouloir pour être la femme la plus à la mode.

Il y avait surtout une cousine, la princesse D..., qui appartenait au plus grand monde. Elle n'était plus de la première jeunesse et s'était prise pour moi d'un véritable engouement; elle m'accablait de flatteries et cherchait à me faire perdre la tête. Quand elle vint, pour la première fois, m'inviter à un bal et qu'elle demanda à mon mari la permission nécessaire, il me regarda et s'informa, avec un malicieux sourire à peine perceptible, si je désirais y aller. Je répondis d'un signe de tête affirmatif et je me sentis rougir.

— Te voilà comme une coupable au moment des aveux, fit-il avec un franc éclat de rire.

— Mais tu avais dit que nous n'assisterions pas à de grandes fêtes, que tu ne les aimais pas, répliquai-je, en levant sur lui un regard suppliant.

— Si tu le désires, nous y assisterons.

— Vraiment, il vaudrait mieux ne pas y aller.

— Enfin, le désires-tu?

Je ne répondis que par un silence facile à interpréter.

— En elles-mêmes les fêtes ne sont pas un bien grand mal, poursuivit-il, ce qui est mauvais et funeste, ce sont les aspirations mondaines impossibles à contenter. Mais on doit voir ces fêtes et nous les verrons, ajouta-t-il d'un ton ferme.

— Pour dire la vérité, fis-je, il n'y a rien que je désire autant que d'aller à ce bal.

Nous y allâmes donc, et le plaisir que j'y trouvai dépassa toute attente. On eût dit que plus que jamais j'étais le centre autour duquel tout gravitait, que pour moi seule ces salons avaient été splendidement illuminés, cet orchestre réuni, cette foule rassemblée. Depuis ma femme de chambre jusqu'à mes danseurs, jusqu'aux vieillards qui me regardaient, chacun semblait me dire ou me faire entendre qu'il m'aimait. L'impression générale sur laquelle je fus renseignée par ma cousine, tendait à faire conclure que je n'avais rien de commun avec les autres femmes, que j'avais quelque chose de particulièrement simple, touchant, ravissant. Ce succès me réjouit au point que j'avouai franchement à mon mari le désir de paraître encore à deux ou trois autres bals.

— Uniquement pour m'en rassasier une fois pour toutes, ajoutai-je, bien que cela ne fût point conforme en tous points à ma conviction intime.

Mon mari y consentit volontiers et il m'accompagna avec plaisir dans les premiers temps, prenant sa part de mes triomphes, semblant avoir oublié ce qu'il avait dit autrefois, ou du moins ne pas vouloir s'en souvenir. Plus tard, il commença à s'ennuyer visiblement et à se fatiguer du genre de vie que nous menions ; mais je n'en avais que vaguement conscience, et lorsque je rencontrais son regard attentif et interrogateur fixé sur moi, je ne comprenais pas toute la signification de ce regard. J'étais enivrée par tout cet amour que j'avais éveillé dans les cœurs autour de moi, ces parfums raffinés, ces dictractions, ces plaisirs dans lesquels je me plongeais pour la première fois; l'influence morale sous laquelle mon mari m'avait toujours tenue s'était évanouie dans ce milieu agité. Je me trouvais à mon aise dans un monde où non seulement j'étais traitée comme son égale, mais où j'étais même placée au-dessus de lui. Je n'en ressentais qu'un amour plus sûr et plus éclairé pour lui, et je ne pouvais admettre qu'il fît mauvais visage en me voyant si heureuse de cette existence mondaine.

J'éprouvais un vrai sentiment d'orgueil et de satisfaction quand, à mon entrée, tous les yeux se portaient sur moi. Lui, comme s'il eût honte d'affirmer devant cette foule ses droits sur moi, il s'empressait de me quitter et de s'enfoncer dans la masse des habits de soirée.

—Attends, pensais-je parfois en le voyant se tenir à l'écart, l'air ennuyé, attends que nous soyons rentrés et tu sauras pour qui je cherche à être si belle et lequel j'aime le mieux de tous ceux qui m'ont entourée...

Réellement, je croyais n'attacher tant d'importance à mes succès que pour avoir la joie de les lui sacrifier. Un seul danger, selon moi, pouvait me menacer dans cette voie nouvelle — la jalousie que mon mari eût conçu au sujet de l'un ou de l'autre des cavaliers qui recherchaient ma présence. Mais il avait pleine et entière confiance en moi; il restait si calme, si indifférent, tous les hommes me paraissaient si insignifiants, comparés à lui, que cet unique danger ne me causait aucune alarme. Néanmoins, l'attention que m'accordaient tant de personnes, me faisait plaisir et flattait mon amour-propre. J'en vins à me voir quelque mérite dans mon affection pour mon mari et j'apportai dans mes rapports avec lui un peu plus d'assurance, voire même un certain laisser-aller.

— J'ai très bien rémarqué que tu causais beaucoup avec N.-N., lui dis-je un soir au bal, le menaçant du doigt et nommant une des femmes les plus connues de Pétersbourg, avec laquelle il s'était entretenu un instant, au cours de la soirée.

Je ne disais ceci que pour le ragaillardir un peu, car il était d'une taciturnité exceptionnelle et semblait plus ennuyé que jamais.

— Ah! pourquoi parles-tu ainsi, murmura-t-il en fronçant le sourcil comme sous une douleur physique, que dis-tu là, Macha? De tels propos ne conviennent ni à toi ni à moi; laisse-les donc à d'autres. Ils pourraient venir troubler la bonne harmonie qui règne entre nous ou qui reviendra, j'espère.

Je fus toute confuse et je gardai le silence.

— Reviendra-t-elle, Macha? qu'en penses-tu!

— Mais elle n'a pas changé et elle ne changera pas, dis-je, bien convaincue de ce que j'avançais.

— Dieu le veuille! D'ailleurs il est temps que nous repartions pour la campagne.

C'était pour la première fois qu'il me parlait ainsi; jusqu'alors j'avais cru qu'il acceptait notre nouvelle existence aussi facilement que moi et j'étais insouciante et gaie. S'il s'ennuyait parfois, je me consolais en disant que pour lui je m'étais beaucoup ennuyée à Nikolsk, et si un léger désaccord survenait entre nous, je pensais que tout reprendrait une marche régulière dès que nous serions rentrés chez Tatiana Semenovna.

Dans ces conditions, l'hiver passa rapidement pour moi et nous étions encore après Pâques à Pétersbourg. Cependant le dimanche suivant nous fîmes nos préparatifs de départ. Nos malles étaient prêtes; mon mari avait terminé ses achats — fleurs, cadeaux, objets nécessaires pour notre séjour à la campagne — et il se trouvait dans une situation d'esprit très douce et très heureuse. Nous fûmes surpris par la visite inattendue de ma cousine qui insista pour nous faire remettre notre depart jus-

11

qu'au samedi, afin d'assister à la grande soirée de la comtesse M... Elle nous dit que la comtesse comptait beaucoup sur moi, que le prince R... désirait beaucoup m'être présenté et qu'il irait à cette soirée uniquement dans cette intention. Le prince me proclamait la plus jolie femme de toutes les Russies, la ville entière y serait — bref c'était une soirée manquée si je n'y allais pas.

Mon mari était à l'autre bout du salon, causant avec quelqu'un.

— Viendrez-vous, Marie? demanda la princesse.

— Nous partons après-demain, répondis-je, hésitante, regardant du côté de mon mari.

Nos regards se rencontrèrent et je me détournai vivement.

— Je le persuaderai de rester, et samedi nous ferons tourner toutes les têtes. C'est dit?

— Cela bouleverserait tous nos plans, et puis nos malles sont faites, répliquai-je, ne résistant plus que faiblement.

— Ne pourrait-elle aller voir le prince dès ce soir et lui présenter ses hommages? dit en ce moment mon mari, sans se rapprocher de nous, avec un tremblement de la voix que je ne lui avais jamais entendu.

— Ah, il est jaloux maintenant! Je ne m'en étais pas encore aperçu, dit ma cousine en riant; mais ce n'est pas pour le prince que je l'invite, Serge Michaïlovitch, c'est pour nous tous, y compris la comtesse R...

— Cela dépend de Macha, répliqua froidement mon mari.

J'avais très bien remarqué son agitation plus vive que d'habitude ; j en ressentis de l'inquiétude et ne donnai aucune réponse définitive à la princesse. Lorsqu'elle fut partie j'allai à mon mari ; il se promenait de long en large, d'un air pensif. Il ne me vit ni ne m'entendit quand je m'approchai sur la pointe des pieds.

— Sans doute il songe à sa chère maison de Nikolsk, me dis-je en l'examinant, il se revoit dans le salon, devant la table mise pour le thé ; il revoit ses champs, ses paysans, nos heures d'intimité au cours des soirs, nos repas nocturnes pris en cachette. Non, tous les bals du monde et les flatteries de tous les princes de la terre ne valent pas son cher repos ni ses douces caresses.

Et je voulais lui annoncer que je n'irais pas à cette soirée, quand il se retourna et fronça brusquement le sourcil en me voyant; aussitôt l'expression de ses traits se modifia. Il redevint l'homme fort, toujours calme, aux airs protecteurs, mitigés de sagesse et de pénétration. Il comptait rester sans cesse au-dessus du commun des mortels, planer sur son piédestal devant moi.

— Qu'as-tu, chère Macha? demanda-t-il d'un ton placide et indifférent.

Je ne répondis pas, irritée de le voir dissimuler et refuser de se montrer à moi tel que je l'aimais.

— Tu vas à cette soirée samedi? reprit-il.

— J'y serais allée volontiers, mais cela te déplaît. Et puis nos préparatifs sont faits.

Jamais il ne m'avait regardée ni parlé avec une telle froideur.

— Nous ne partirons que mardi et je ferai déballer, par conséquent tu peux y aller si tu veux. Fais-moi le plaisir d'y aller.

Comme c'était son habitude quand il éprouvait une vive émotion, il continuait à marcher d'un pas inégal sans me regarder.

— Vraiment, je ne comprends pas, ripostai-je en restant immobile, toi qui te dis si pacifique (jamais il ne me l'avait dit), me parler de cette façon! Je suis prête à te faire ce sacrifice et tu m'invites à n'en rien faire — et cela avec une ironie que je ne t'ai jamais connue.

— Ah, c'est toi qui te *sacrifies?* reprit-il accentuant le mot. Eh bien, je me sacrifie également, que peut-on désirer de plus? Un combat de générosité, voilà ce qui peut s'appeler un touchant accord.

Je ne lui avais jamais entendu prononcer des paroles aussi cruellement mordantes. Le sarcasme me blessa, la dureté me révolta et me fit monter aux lèvres des mots à peu près semblables. Était-ce bien lui, qui avait toujours évité les grandes phrases entre nous, lui qui avait toujours été si simple et si franc? Et pourquoi cette transformation? Uniquement parce que j'avais voulu lui faire le sacrifice d'un plaisir que je considérais comme innocent, parce que je lui avais annoncé mon intention. Les rôles étaient intervertis : il reniait toute franchise et toute simplicité alors que moi je m'efforçais de les avoir.

— Tu es bien changé, soupirai-je ; de

quelle faute me suis-je donc rendue coupable envers toi ? Ce n'est pas pour ce bal, mais pour quelque erreur dont tu entretiens soigneusement le souvenir dans ton cœur. Pourquoi manquer de franchise ? Autrefois tu n'avais pas une telle frayeur de la sincérité. Dis-moi, qu'as-tu contre moi ?

Et intérieurement je me disais avec satisfaction qu'il n'avait pas le droit de m'adresser un seul reproche à propos d'un incident quelconque survenu pendant notre séjour à Pétersbourg. Je me plaçai au milieu de la chambre de telle façon qu'il devait passer tout près de moi ; je le regardai. Il s'approcherait, il me prendrait dans ses bras et tout serait oublié : cette pensée me passa par la tête et aussitôt je regrettai de n'avoir pu lui démontrer plus tôt combien il avait tort ; mais il resta à l'extrémité de la chambre et dit, me regardant à son tour :

— Ainsi tu ne comprends pas ?

— Non.

— Eh bien, je vais te le dire. Il me répugne d'éprouver ce que j'éprouve et cependant je ne puis me défaire de ce sentiment.

Il s'arrêta, visiblement effrayé du son rauque de sa voix.

— Que veux-tu dire? demandai-je pendant que des larmes d'indignation me brûlaient les yeux.

— Il me répugne de te voir courir derrière ce prince, parce qu'il te trouve belle !
— oublieuse de ton mari, de toi-même, de ta dignité de femme, ne voulant pas comprendre ce que doit ressentir ton mari en présence de ce manque de dignité. Et même tu viens encore dire à ce mari que tu te

sacrifies ! En d'autres termes : Ce serait un indicible bonheur pour moi de me montrer à Son Altesse Impériale, mais je te *sacrifie* ce bonheur.

Plus il parlait, plus son agitation augmentait et sa voix était dure, incisive et cruelle ; jamais je ne l'avais vu ainsi, jamais je ne m'étais attendue à l'y voir. Tout mon sang afflua à mon visage, j'eus peur de lui, et cependant le sentiment d'une humiliation imméritée, mon amour-propre blessé firent naître en moi le désir de me venger.

— Va donc, répliquai-je, depuis longtemps je suis prête à tout entendre.

— Je ne sais ce que tu comptais entendre, mais moi je m'attendais à pis encore en te voyant plongée tous les jours dans cette fange, ce désœuvrement, ce luxe, ce monde stupide, et je m'attendais à tout ce qui, aujourd'hui, me fait éprouver une honte et une douleur comme jamais je n'en ai ressenti, honte de toi quand ton amie fouillait mon cœur de ses mains souillées et me taxait de jalousie. Jaloux? de qui? D'un homme que ni toi ni moi nous n'avons encore vu? mais tu ne veux pas comprendre... et tu te *sacrifies!* Pour qui? Et que sacrifies-tu? Honte à toi, honte à ton avilissement! Un sacrifice!...

— Voilà en quoi la force de l'homme, pensai-je, blesse et humilie la femme qui n'a aucune faute sur la conscience. Voilà les droits de l'homme, mais à ces droits je ne me soumettrai pas. — Non, repris-je tout haut, je ne sacrifierai rien — et je sentis mes narines se gonfler et mes joues s'empourprer — j'irai samedi à ce bal, j'irai certainement.

— Et je te souhaite bon amusement! Mais tout est fini entre nous! s'écria-t-il laissant éclater une fureur dont il n'était plus maître, tu ne me tortureras pas davantage. J'étais fou de...

Ses lèvres tremblaient violemment. Il fit un suprême effort sur lui-même pour ne pas laisser échapper les mots prêts à sortir de sa bouche. En ce moment, je le craignais et le haïssais tout à la fois ; je voulais parler longuement encore, me venger de l'humiliation qu'il m'avait infligée. Mais je serais fondue en larmes tout simplement.

Il quitta la chambre, et quand je n'entendis plus le bruit de ses pas, je fus terrifiée de ce qui avait eu lieu. C'était une horrible pensée de me dire que cette union qui avait fait tout mon bonheur était à jamais rompue, et je fus prête à revenir sur ce qui s'était passé. Mais sera-t-il assez calmé pour me comprendre lorsque je lui tiendrai la main en silence, le regardant seulement? Appréciera-t-il ma générosité? Et s'il prend ma douleur pour une feinte? ou que, se targuant de ses droits, il m'accueille avec hauteur et m'accorde un pardon plein de pitié. Pourquoi, pourquoi celui que j'aime m'a-t-il si cruellement offensée? Je ne le recherchai donc pas et je montai à ma chambre où je restai longtemps, pleurant, me répétant avec terreur les mots qu'il avait dits, les remplaçant par d'autres bien doux et bien tendres, pour penser encore à ce qui venait de se produire.

Quand nous prîmes le thé ce soir-là et que je me trouvai avec mon mari en présence d'un tiers — S... qui nous rendait visite — je sentis qu'un abîme s'était ouvert entre nous. S... me demanda la date de notre départ : je ne parvins pas à lui répondre.

— Mardi, la comtesse R... donne une soirée; tu y vas, n'est-ce pas? fit mon mari.

Je fus surprise du naturel avec lequel il m'adressa cette question et je le regardai timidement. Ses yeux fixés sur moi avaient une expression ironique et méchante.

— Oui, répliquai-je.

Lorsque nous fûmes seuls, il vint à moi en me tendant la main.

— Je t'en prie, pardonne ce que je t'ai dit, fit-il.

Aussitôt je m'emparai de sa main, un sourire fut prêt à entr'ouvrir mes lèvres et les larmes à couler de mes yeux, mais il me retira sa main et alla s'asseoir à quelque distance de moi, comme s'il eût craint une scène sentimentale. Je ne compris pas qu'il pût encore s'imaginer avoir raison, et le refus que j'allais faire d'aller à ce bal me resta dans la gorge.

— Il faut prévenir ma mère, dit-il, autrement elle serait inquiète.

— Et quand penses-tu partir?

— Mardi.

— J'espère que ce n'est pas à cause de moi, ce retard? dis-je en le regardant bien en face.

Ses yeux s'arrêtèrent sur moi, mais ils ne me dirent rien. Et soudain je trouvai son visage désagréable, tout vieilli...

Nous allâmes donc à la soirée de la comtesse R.... Nos rapports semblaient être empreints du même caractère affectueux, mais combien ils étaient différents en réalité de ceux d'autrefois !

Je faisais partie d'un groupe de dames, quand le prince s'avança vers moi, de sorte que je dus me lever pour lui parler. Involontairement je cherchai des yeux mon mari, et je l'aperçus à l'autre bout de la salle : il me regardait. Puis il se détourna. Je sentis une telle douleur et une telle confusion que je me troublai et que je rougis des épaules au front sous le regard du prince. Mais il ne m'en fallut pas moins rester debout pendant que Son Altesse m'examinait attentivement. Cependant notre entretien fut court, aucun siège ne se trouvant disponible à côté du mien; d'ailleurs, il devina sans doute ce que j'éprouvais. Nous causâmes du dernier bal, de l'endroit où je comptais passer l'été, etc. En me quittant, il exprima le désir de faire la connaissance de mon mari, et je les vis s'aborder et lier conversation. Le prince devait lui parler de moi, car, à différentes reprises, il me regarda en souriant.

Tout à coup mon mari rougit, s'inclina respectueusement et disparut. Je rougis en me demandant ce que le prince allait penser de moi, et surtout de mon mari. Il me semblait que tous les yeux avaient remarqué son embarras et sa gaucherie. Dieu sait quelles conclusions on allait en tirer ! Et si l'on avait eu vent de la scène qui avait eu lieu entre mon mari et moi !...

Ma cousine me reconduisit chez moi, et en route nous parlâmes de mon mari. Je ne pus m'empêcher de lui raconter ce qui avait précédé cette malheureuse soirée. Elle s'efforça de me consoler en me disant que ceci était une de ces petites brouilles comme il en survient fréquemment en ménage — sans importance, ne tirant nullement à conséquence. Elle jugea mon mari à son point de vue, et le déclara très orgueilleux et peu expansif. Je ne pus que lui donner raison sur ces deux points, et il me sembla que je comprenais mieux mon mari.

Lorsque nous fûmes seuls encore, mon mari et moi, ce blâme me retomba sur l'âme comme un poids énorme, je sentis que l'abîme creusé entre nous s'élargissait de plus en plus.

VII

A partir de ce jour, notre vie et nos rapports subirent une transformation complète.

Nous n'étions plus aussi heureux qu'autrefois d'être ensemble et seuls. Il y avait des questions que nous évitions, et il nous était plus facile de causer en présence d'un tiers qu'en tête-à-tête. La moindre allusion à la vie des champs ou aux bals nous mettait sur des épines, et alors il nous était désagréable de nous regarder. On eût dit que, tous deux, nous avions entrevu l'abîme qui nous séparait, et que nous avions peur de nous en approcher.

J'avais la conviction que mon mari était très orgueilleux et très violent, et que je devais user de circonspection, si je ne voulais pas le toucher au défaut; il était persuadé que je ne pourrais vivre loin du monde, que le séjour à la campagne m'était odieux et qu'il devait se soumettre à ma fantaisie. Aussi nous écartions soigneusement de nos conversations ce qui avait trait directement à ces choses, et tous deux nous nous jugions mal.

Depuis longtemps déjà nous avions cessé d'être parfaits l'un pour l'autre. Maintenant nous faisions des comparaisons et nous analysions nos qualités.

Au moment de notre départ, je m'étais trouvée très malade, de sorte qu'au lieu de nous rendre directement à Nikolsk, nous louâmes une villa d'où mon mari partit pour aller voir sa mère. J'étais déjà suffisamment rétablie pour l'accompagner quand il s'éloigna, mais il m'en dissuada, sous prétexte qu'il craignait pour ma santé. Je sentis que mon état ne lui inspirait aucune inquiétude, mais que la pensée de n'être point heureux à la campagne le préoccupait. Je n'insistai donc pas et je restai seule. Lorsqu'il revint, je remarquai qu'il n'était plus dans ma vie ce qu'il y avait été jadis.

Jadis, chacune de mes pensées ou de mes sensations que je ne lui communiquais pas me pesait comme une faute, chacune de ses pensées me semblait un précepte; le moindre objet, un simple regard nous faisait rire aux éclats. Rien ne restait plus de tout cela, et le changement s'était opéré de telle façon que nous ne pouvions nous en rendre compte.

Maintenant chacun de nous avait ses travaux et ses intérêts que nous ne tentions même plus de rendre communs. Nous avions même cessé de nous émouvoir à la pensée que chacun de nous s'était retiré dans un monde à lui spécial, étranger à l'autre; nous nous habituâmes à ce train, et, au bout d'un an, nous n'éprouvions plus aucun embarras à nous regarder. Ses accès de gaieté et ses enfantillages avaient disparu, mais c'était le cas aussi pour cette indulgente indifférence envers toute chose qui m'avait tant irritée. Il n'avait plus ce regard profond qui, autrefois, me troublait et me rendait nerveuse en même temps.

Nous n'avions plus de ces prières et de ces jouissances artistiques partagées. D'ailleurs, nous n'avions plus que rarement l'occasion de nous voir : il était toujours absent, pour ainsi dire, et ne craignait plus de me laisser seule. De mon côté, je vivais dans un milieu peu propre à me le faire regretter.

Jamais nous n'avions de scènes ni de discussions ; je m'efforçais de lui rendre agreable le séjour de la maison et il réalisait tous mes désirs : on eût dit que nous nous aimions toujours. Quand nous étions seuls, circonstance assez rare d'ailleurs, je n'éprouvais ni joie, ni émotion, ni trouble auprès de lui : il me semblait être complètement seule. Je savais très bien que l'homme qui se tenait là était mon mari et non un inconnu, un excellent homme — bref, mon mari, que je connaissais aussi bien que moi-même ; je n'ignorais rien de ce qu'il ferait ou dirait, et si ses actes et ses paroles ne se rapportaient point exactement à ce que j'avais prévu, j'en concluais tout simplement qu'il s'était trompé. Au fond, je n'attendais rien de lui : il était mon mari, rien de plus. Il me semblait que notre situation était fort naturelle, qu'elle ne pouvait être autre, que jamais même elle n'avait été autrement.

Dans les premiers temps, je me sentis horriblement esseulée lorsqu'il s'éloignait, et je n'en appréciais que mieux la valeur de la protection qu'il étendait sur moi. A son retour, je me jetais à son cou avec une joie très vive, mais, au bout de quelques heures, cette impression s'effaçait, et je ne savais même plus de quelle chose je devais l'entretenir. Dans nos heures de calme tendresse, je sentais que ce n'était plus là ce dont mon cœur avait débordé un jour, et il me semblait lire la même chose dans ses yeux; il y avait à notre tendresse des limites que mon mari ne voulait plus et que moi je ne pouvais plus franchir. Parfois, j'en concevais de la tristesse, mais je n'avais plus le temps de méditer longuement sur ces choses et j'essayais d'oublier ce chagrin en m'absorbant dans mille distractions qui s'offraient sans cesse à moi.

La vie mondaine qui m'avait séduite par son éclat et les satisfactions accordées à mon amour-propre ne tarda pas à me posséder entièrement. Elle devint pour moi une habitude, me tint rivée à elle et envahit dans mon âme la place qu'eussent dû occuper d'autres sentiments. J'évitais d'être seule avec moi-même, parce que j'avais peur de réfléchir à ma situation. D'ailleurs tout mon temps était pris, du matin au soir, — même les jours où je ne sortais pas. Les visites ne me valaient ni joie, ni ennui, et je pensais que tout devait marcher ainsi.

Trois années s'écoulèrent. Pendant ce laps de temps, nos rapports ne se modifièrent en rien, absolument comme s'ils n'eussent pu être ni meilleurs, ni pires.

Au cours de ces trois années, deux graves événements jetèrent seuls quelque trouble dans cette existence sans cependant y provoquer de réformes sérieuses : la naissance de mon premier enfant et la mort de ma belle-mère. Tout d'abord l'amour maternel s'empara de moi et me procura de tels ravissements que je crus à l'aurore d'une nouvelle existence ; au bout de deux mois, lorsque je recommençai à sortir, ce sentiment se calma, devint une simple habitude et finit dans l'accomplissement placide d'un devoir. Mon mari, au contraire, était redevenu l'homme des anciens jours depuis l'entrée de son fils en ce monde, et doux, calme, intime, il avait reporté sur lui toute sa tendresse. Souvent, quand je me rendais en toilette de bal dans la chambre de l'enfant pour le bénir avant de m'éloigner, j'y rencontrais mon mari dont le regard tombait sur moi, pénétrant, sévère, tout chargé de reproches. Alors un poids s'écroulait brusquement sur mon âme. Je restais effrayée de mon indifférence et je me demandais si j'étais plus mauvaise que les autres femmes; mais qu'y faire? Certes, j'aimais mon fils, mais je ne pouvais rester près de lui des journées entières; cela m'ennuyait,

La mort de Tatiana Semenovna le plongea dans une profonde douleur; aussi trouva-t-il très pénible d'habiter Nikolsk après ce deuil. Je la regrettai sincèrement et je partageai la tristesse de mon mari; cependant la vie me parut plus agréable et plus satisfaisante depuis lors, dans notre maison de campagne. Nous avions passé ces trois dernières années à la ville, avec un simple séjour de deux mois à Nikolsk. Nous partîmes pour l'étranger et allâmes prendre les eaux..

Je comptais vingt et un ans; je croyais notre situation financière très brillante, je n'attendais plus rien du mariage et je m'imaginais être aimée de tous ceux qui m'approchaient. Ma santé était excellente et mes toilettes du meilleur goût; je me savais belle et le temps était magnifique; une atmosphère de beauté et d'élégance m'entourait ; aussi je me trouvais dans les meilleures dispositions du monde pour jouir de la vie. Et cependant, je n'avais plus cette gaieté de l'époque où mon bonheur était en moi, où j'étais heureuse parce que je méritais de l'être ; où mon bonheur, tout en étant très grand, laissait place pour des aspirations vers un bonheur plus grand encore.

Oui, tout était bien différent alors ! Mais, n'importe, j'étais contente, n'ayant plus rien à désirer, ni à espérer, ni à redouter. Ma vie était bien remplie et ma conscience en repos.

Parmi tous les jeunes gens que je vis au cours de la saison, il n'en était pas un seul auquel j'eusse pu donner la préférence sur les autres, pas même sur le vieux prince K..., notre ambassadeur, qui me faisait un doigt de cour. L'un était trop jeune, l'autre

12.

trop âgé ; celui-ci était un Anglais trop blond, celui-là un Français à barbiche de bouc ; tous m'étaient parfaitement indifférents et cependant tous m'étaient indispensables ; ils faisaient partie intégrante du monde dans lequel je m'agitais.

Il y avait également un Italien, le marquis de D..., qui avait su s'imposer à mon attention par l'audace avec laquelle il exprimait son admiration pour moi. Il ne laissait échapper aucune occasion de me rencontrer — bal, promenade, excursion, etc. — et dès qu'il avait réussi, ne se lassait pas de chanter les louanges de ma beauté. Parfois je l'avais vu, de ma fenêtre, rôder autour de notre villa, et souvent le regard hardi de ses yeux étincelants, m'avait fait rougir et contrainte de le tenir à distance.

Le marquis D..., était jeune, beau, élégant, j'avais remarqué surtout que par le sourire et par le front, il ressemblait beaucoup à mon mari, — celui-ci était moins beau toutefois. Cette ressemblance m'avait frappée, bien qu'au lieu de la bonté et du calme idéal de mon mari, le regard, la bouche et le menton allongé eussent une expression de brutalité, et presque de bestialité.

Je supposais alors qu'il m'aimait passionément, et c'était avec une orgueilleuse pitié que parfois je pensais à lui. A différentes reprises, je voulus le ramener à la raison, prendre avec lui un ton à demi affectueux, à demi confiant, mais il repoussa brusquement ces tentatives et, à mon grand déplaisir, continua à me donner des preuves de sa folle passion. Il ne m'en avait point encore fait l'aveu, mais elle menaçait d'éclater d'un instant à l'autre. Sans le reconnaître, j'avais peur de cet homme et je n'aimais pas penser à lui.

Vers la fin de la saison, je tombai malade, et je ne pus sortir de quinze jours. Lorsqu'il me fut permis de quitter la chambre, j'allai le soir à un concert. Je savais que pendant ma retraite forcée, lady S... était arrivée, Anglaise attendue et bien connue à cause de sa beauté. Un cercle d'amis fidèles se pressa autour de moi, mais un autre, bien plus considérable, entoura la nouvelle lionne.

On ne parlait que d'elle et de sa beauté; on me la montra. Je la trouvai très jolie, en effet, mais la morgue hautaine de son visage me choqua et je ne m'en cachai point. Dès ce jour, tout ce qui m'avait paru si agréable m'ennuya. Le lendemain, lady S... organisa une excursion au château; je refusai d'y prendre part. Il n'y eut presque personne pour rester près de moi ; alors tout se transforma à mes yeux, je ne vis plus que sottises et désagréments, je fus prête à pleurer. Je résolus de terminer ma cure le plus tôt possible et de repartir pour la Russie ; un sentiment vil s'était emparé de moi, mais je ne voulais pas encore l'avouer.

Je me dis donc souffrante et m'abstins de paraître aux fêtes ; je ne sortis plus que le matin, seule pour aller boire à la source ou faire une promenade dans les environs avec L. M..., une Russe de mes amies. A cette époque, mon mari était absent ; il était parti pour Heidelberg où il attendait la fin de mon traitement, et ne venait me rendre visite à Bade que de temps à autre.

Or, un jour que lady S... avait entraîné toute la compagnie dans une partie de plaisir, L. M... et moi nous nous rendîmes en voiture au château. Pendant que la calèche montait au pas la route onduleuse bordée de magnifiques châtaigniers à travers lesquels nous jouissions d'une vue superbe, dans les effets d'un soleil couchant, nous nous engageâmes dans une conversation sérieuse, ce qui ne nous était jamais arrivé. L. M... que je connaissais depuis longtemps cependant, me parut pour la première fois une femme intelligente et bonne avec laquelle on pouvait causer et tirer profit d'une causerie.

Nous parlâmes de nos familles, des enfants, de la vie creuse que l'on menait ici ; nous aspirâmes à revoir la terre natale et tout à coup nous fûmes prises d'une douce mélancolie. Ce fut dans cet état d'esprit que nous atteignîmes le château.

L'ombre et la fraîcheur y régnaient tandis qu'en haut les derniers rayons du soleil effleuraient les ruines; les pas les plus légers et la voix la plus discrète trouvaient leur écho sous les voûtes. Et nous vîmes enchâssé dans une baie comme dans un cadre, ce paysage badois si charmant et pourtant si froid pour nous autres, Russes.

Nous nous assîmes pour nous reposer et contempler en silence le coucher du soleil. Bientôt des voix se firent entendre distinctement et il me sembla entendre prononcer mon nom.

J'écoutai et je compris jusqu'au moindre mot. Les voix m'étaient connues : c'était celle du marquis D... et celle d'un Français, son ami, que je connaissais également. Ils parlaient de moi et de lady S... Le Français faisait la comparaison des deux beautés et en tirait des déductions qui, sans avoir rien de désobligeant pour moi, me firent monter le rouge au visage. Il détailla fort bien les charmes de chacune, expliqua que j'avais un enfant, que lady S... n'avait pas dix-neuf ans, que mon teint était plus beau, mais que ses formes étaient plus gracieuses, qu'enfin, elle était une grande dame, tandis que moi j'étais une de ces petites princesses russes comme on en voit tant dans les villes de bains. Bref, il concluait que j'agirais sagement en n'acceptant point d'entrer en lutte avec lady S... si je ne voulais point que Bade fût mon tombeau.

— Je la plains sincèrement.

— Allez lui offrir vos consolations, riposta le Français avec un éclat de rire joyeux et cruel.

— Si elle part, je la suis, reprit la

voix fortement entachée d'accent italien.

— Heureux mortel qui croit encore à l'amour !

— L'amour ! répéta la voix qui se tut un instant, il m'est impossible de ne pas aimer. Vivre sans aimer, ce n'est pas vivre. Faire de sa vie un beau roman, qu'y a-t-il de plus beau ? Et mes romans ne restent point inachevés et je mènerai celui-ci jusqu'au dénouement comme les autres.

— Bonne chance !

Je n'en entendis pas davantage, car ils tournaient un pan de muraille et le bruit de leurs pas nous arriva d'une autre direction ; ils descendaient un escalier et peu de temps après ils apparaissaient par une porte latérale, se montrant assez surpris de nous rencontrer là. Je rougis lorsque le marquis s'approcha de moi, et je fus prise de terreur quand il m'offrit son bras pour quitter le château. Malheureusement je ne pus refuser, et, marchant derrière L. M... et le Français, nous nous dirigeâmes vers la voiture.

J'étais froissée des propos que le Français avait tenus sur moi, bien qu'il eût exprimé tout simplement sa pensée intime, mais les paroles de l'Italien m'avaient stupéfiée par leur grossièreté. C'était pénible pour moi de les avoir surprises ; lui n'en éprouvait aucune gêne. J'éprouvai de la répugance à le sentir si près de moi et, sans le regarder, sans lui répondre, tenant mon bras de façon à ne rien entendre de ce qu'il me disait, je suivis vivement l'autre couple.

Le marquis me parla du paysage, du bonheur inattendu de cette rencontre, et d'autres choses analogues, mais je ne l'écoutais pas. En ce moment, je pensais à mon mari, à mon enfant, à la Russie ; j'éprouvais honte et regrets, et j'avais hâte de regagner ma paisible chambre de l'*Hôtel de Bade* pour réfléchir à ce qui se passait en moi. L. M... n'avançait que lentement et la voiture était encore loin ; je crus remarquer aussi que mon cavalier ralentissait le pas dans l'intention de me retenir en arrière.

— C'est impossible, me dis-je, et je voulus marcher plus vite.

Le marquis me prit le bras : en ce moment L. M... tournait un angle, nous étions seuls. Je fut prise de terreur.

— Pardon, fis-je froidement, et je tentai de me dégager, mais les dentelles de ma manche s'accrochèrent à un bouton de son habit. Il se pencha, et je sentis sa main dégantée toucher mon bras.

Une sensation qui m'était encore inconnue et qui n'était ni de la peur ni de la joie me fit passer un frisson glacé sur tout le corps. Je le regardai, afin qu'il pût lire dans mes yeux tout le mépris que j'avais pour lui, mais mes yeux exprimaient autre chose : la frayeur et le trouble. Les siens avaient un éclat humide et se penchaient vers moi pour m'admirer avec ardeur et se glissaient dans mon cou, dans mon sein; de ses deux mains il me saisit le poignet, ses lèvres entr'ouvertes me disaient qu'il m'aimait, que j'étais tout pour lui, — et tandis que les mains resserraient leur étreinte, les lèvres s'avançaient vers moi... Mes veines charriaient du feu, mes yeux se voilaient, et les mots que je voulais employer pour le repousser restèrent étranglés dans ma gorge.

Tout à coup un baiser sonna sur ma joue, et tremblante et glacée je le regardai. Je n'avais la force ni de parler, ni de remuer tant la terreur me paralysait. Ceci ne dura qu'un instant, mais cet instant fut horrible ; maintenant je lisais clairement sur son visage : ce front bas, ces longues moustaches aux pointes relevées, ces joues soigneusement rasées, ce cou bruni par le hâle... Je le haïssais, et cependant la passion qui le tenait trouva un puissant écho dans mon âme. J'eus une irrésistible envie de m'abandonner aux baisers de cette bouche gracieuse, à l'étreinte de ces mains blanches aux doigts chargés de bagues.

Je fus près de me jeter tête première dans l'abîme des ivresses défendues qui s'ouvrait sous mes pas. J'étais si malheureuse qu'aucun malheur plus grand n'aurait pu me frapper sans doute. Il passa son bras autour de ma taille et murmura : « Je vous ain ! » d'une voix qui ressemblait tant à celle de mon mari. Et le souvenir de mon mari et de mon enfant me revint. Tout à coup j'entendis la voix de L. M... qui m'appelait.

Je repris possession de moi-même et, lui arrachant ma main, je courus vers L. M. Nous montâmes en voiture et alors je le regardai. Il se découvrit et en souriant nous dit quelque chose ; il n'eut aucun pressentiment de l'inexprimable aversion que je ressentais pour lui en ce moment. Mon existence me paraissait si malheureuse, l'avenir si désespérant et le passé si sombre !

L. M. me parla, mais je ne compris pas un mot de ce qu'elle me dit. Il me semblait qu'elle ne m'adressait la parole que par pitié, pour ne point me montrer le mépris qu'elle avait pour moi, et dans chacun de ses mots ou de ses regards je retrouvais ce mépris mêlé à cette insultante pitié. Le baiser me brûlait encore la joue comme un stigmate infamant, et la pensée de mon mari, de mon enfant m'était insupportable.

Quand je fus seule dans ma chambre, j'espérai pouvoir réfléchir, mais la solitude m'épouvanta. Je ne pus boire le thé qu'on m'avait servi et, sans savoir pourquoi, je résolus d'aller rejoindre le soir même mon mari à Heidelberg. Je pris place dans un coupé avec ma femme de chambre, et lorsque le train se mit en mouvement, que l'air afflua vers moi par la portière ouverte, je redevins maîtresse de moi-même et je songeai à mon avenir. Toute ma vie depuis notre premier départ pour Pétersbourg m'apparut sous un jour nouveau et m'accabla d'un immense remords.

Pour la première fois je revis avec netteté notre séjour à la campagne; pour la première fois je me demandai : quelles joies lui ai-je donc données dans ces derniers temps? Je me sentis coupable envers lui. Mais aussi pourquoi ne m'avait-il pas guidée, pourquoi n'avait-il pas confiance en moi, pourquoi évitait-il toute explication, pourquoi me froissait-il? Pourquoi n'usait-il pas de la puissance de son amour? Ou ne m'aimait-il pas. Mais qu'il fût coupable ou non, je n'en sentais pas moins sur ma joue le baiser de cet étranger.

A mesure que nous approchions de Heidelberg, les traits de mon mari se dessinaient avec plus de netteté à mes yeux et mon appréhension sur les premiers instants de notre réunion augmentait. Je voulais lui dire tout, montrer mon repentir dans mes larmes et obtenir son pardon. Moi-même je ne savais trop ce que signifiait ce *tout* et je ne croyais pas qu'il me pardonnât.

Mais lorsque j'entrai dans la chambre de mon mari et que je vis ses traits calmes, un peu étonnés, je compris que je ne devais rien lui dire, rien lui avouer, lui demander aucun pardon. Un chagrin sans pareil et de profonds repentirs me pesaient sur la conscience.

— Quelle idée! fit-il, je comptais aller te chercher demain.

Mais lorsqu'il eut examiné mon visage, il manifesta une certaine frayeur.

— Qu'as-tu? Qu'est-il arrivé? me demanda-t-il.

13.

— Rien, répondis-je en refoulant mes larmes, j'ai quitté Bade pour toujours et nous repartirons pour la Russie dès demain si c'est possible.

— Raconte-moi ce qu'il y a eu, reprit-il après avoir gardé un instant le silence.

Je rougis malgré moi et je baissai les yeux; je vis les siens briller de colère. J'eus peur qu'il ne soupçonnât quelque chose, et avec une tranquillité affectée dont je ne me fusse pas crue capable, je répliquai :

— Il n'y a rien eu. J'ai été prise de tristresse et d'ennui à rester seule, voilà tout, et j'ai beaucoup songé à notre vie et à toi. Depuis longtemps je me sens des torts envers toi; emmène-moi donc où tu voudras, Oui, je me sens coupable envers toi depuis longtemps, répétai-je en fondant en larmes, retournons à la campagne et ne la quittons plus.

— Ma chère enfant, dit-il froidement, épargne-moi ces scènes émouvantes. Que tu songes à retourner à la campagne, c'est parfait, car nos ressources commencent à s'épuiser, mais pour toujours!... c'est pure chimère, je sais que tu ne peux y rester longtemps. Maintenant, prends une tasse de thé, cela te fera du bien.

Et il se leva pour sonner.

Je me représentai les pensées qu'il devait avoir eues en ce moment et je me sentis froissée de toutes celles que je lui attribuai lorsque je rencontrai son regard incrédule et plein d'humiliation fixé sur moi. Il ne voulait, il ne pouvait pas me comprendre. Et sous prétexte d'aller voir l'enfant, je me retirai, ayant hâte d'être seule pour pleurer, pleurer, pleurer...

VIII

La vie se ranima dans notre vieille maison de Nikolsk, si longtemps abandonnée et morne. Mais l'ancienne vie ne pouvait recommencer : Tatiana Semenovna était morte et nous restions seuls en face l'un de l'autre. Maintenant nous n'avions cependant plus besoin de la solitude; elle nous pesait plutôt. L'hiver fut d'autant plus pénible que j'étais souffrante et que je ne me rétablis définitivement qu'après la naissance de mon second fils.

Nos rapports entre mon mari et moi étaient ce qu'ils avaient été à Pétersbourg, d'une politesse froide. A la campagne, le moindre objet me rappelait ce qu'il avait été pour moi autrefois et ce que j'avais perdu. Il y avait entre nous quelque chose comme une insulte non pardonnée : mon mari me tenait rigueur tout en ayant l'air de ne rien savoir. Comment lui demander pardon si j'ignorais ce que j'avais à me faire pardonner? J'étais punie en ce sens qu'il ne se livrait plus à moi, qu'il me retirait son cœur. Ce cœur, il ne le donnait à personne, en aucun cas : on eût dit qu'il n'en avait plus.

Parfois je me disais que, s'il agissait ainsi, c'était uniquement pour me faire souffrir, que le même amour des anciens jours était encore en lui et je m'évertuais à le faire jaillir. Mais il semblait éviter toute explication catégorique, me soupçonner d'hypocrisie, craindre de paraître ridicule en trahissant une émotion quelconque. Son regard et son accent me disaient : Je sais tout, tout ce que tu voudrais m'avouer, me confier, mais je sais aussi que tes actes diffèrent de tes paroles. D'abord je me sentis froissée par ce refus de franchise, puis je m'y habituai, pensant que chez lui c'était manque, non de droiture, mais de besoin d'expansion.

En ce qui me concerne, il m'eût été impossible de lui dire que je l'aimais, de lui demander de prier avec moi ou de m'écouter quand j'étais au piano. Tacitement nous nous étions soumis tous deux à un certain règlement de vie : nous avions chacun notre propre existence, lui absorbé dans ses occupations auxquelles je ne sentais ni la nécessité ni le désir de m'intéresser, moi, plongée dans mon désœuvrement qui ne l'irritait ni ne l'affligeait plus comme autrefois. Quant aux enfants, ils étaient encore trop jeunes pour venir en aide à notre réconciliation.

Cependant le printemps arriva et nous reçûmes la visite de Katia et de Sonia, qui comptaient passer l'été à la campagne. Nikolsk devant subir de nombreuses réparations, nous partîmes tous pour Prokovsk.

Je retrouvai le même logis avec sa terrasse, sa table à rallonges, son piano. Je retrouvai aussi ma chère chambre de jeune fille avec ses rideaux blancs et tous les rêves que j'y avais laissés. Maintenant il y avait deux lits dans cette chambre : l'un, qui avait été le mien, était échu à mon gros joufflu de Kokscha ; l'autre, plus petit, était occupé par Vania.

Après les avoir bénis, je restais souvent dans cette chambre paisible, et aussitôt de tous les recoins, de tous les replis des souvenirs m'assaillaient : des voix connues me chantaient de vieilles chansons d'enfant... Et qu'était-il advenu par la suite des temps? Des désirs que j'avais à peine osé formuler avaient été exaucés; mes rêves les plus insaisissables et les plus confus s'étaient réalisés, et c'était précisément cette réalisation qui avait fait mon existence si lourde, si pénible, si morne. Et cependant tout n'est-il pas encore ce qu'il était : n'est-ce pas le même jardin que j'aperçois par la même fenêtre? Ne sont-ce pas les mêmes allées, la même pelouse, le même banc, là-bas au bord du ravin ? N'est-ce pas le même chant qu'un rossignol recommence près de l'étang? La même touffe de lilas s'épanouit dans toute sa beauté, la même lune brille au-dessus de la maison... mais que d'incroyables, que d'épouvantables changements se sont produits néanmoins.

Tout ce qui m'approche et qui pourrait m'être si cher se tient froidement à l'écart. Comme aux jours d'autrefois nous causons tranquillement, Katia et moi, quand nous sommes au salon, et nous parlons de lui. Mais le front de Katia est plissé, ses joues sont pâles, ses yeux ne brillent plus de bonheur et d'espérance : ils expriment une tristesse attendrie, presque de la pitié. Nous ne nous extasions plus à propos de Serge Michaïlovitch que nous critiquons au contraire; nous n'éprouvons plus aucun étonnement de la grandeur et des motifs de notre félicité et nous ne sentons plus le besoin de raconter à tout le monde ce qui se passe en nous. Nous parlons à voix basse, ainsi que des conspirateurs, et pour la centième fois peut-être nous nous demandons d'où peuvent provenir les changements constatés.

Lui, il est toujours le même avec une ride plus profonde entre les sourcils, des cheveux grisonnants sur les tempes; seul son regard attentif et pénétrant qui m'évite sans cesse s'est voilé d'une sorte de nuage. Moi je suis toujours la même également, si ce n'est qu'il n'existe plus en moi ni amour, ni soif d'amour, ni besoin de travail, ni contentement de moi-même, et que je vois loin de moi, impossible même, mon ancienne exaltation religieuse, mon adoration pour lui, l'exubérance de mes sensations d'alors. Je ne comprendrais plus maintenant ce qui m'avait paru si simple et si clair : le bonheur de vivre pour les autres. Vivre pour les autres, aujourd'hui que je n'ai plus la volonté de vivre pour moi!

J'avais complètement renoncé à la musique au moment où nous étions allés nous fixer à Pétersbourg ; la vue de mon vieux piano et de mes cahiers d'autrefois m'en rendit brusquement le goût. Comme un jour j'étais indisposée, je restai seule à la maison. Katia et Sonia l'avaient accompagné à Nikolsk pour examiner où en étaient les travaux. La table était mise pour le thé et, en attendant leur retour, je descendis au salon et pris place au piano. J'ouvris la sonate « Quasi una fantasia » et je la jouai.

La maison était absolument déserte et les fenêtres donnant sur le jardin étaient ouvertes. La mélodie solennelle d'autrefois emplit le salon de sa phrase mélancolique.

La première partie finie, je regardai machinalement, par un reste d'habitude, le coin dans lequel il s'asseyait ordinairement pour m'écouter. Mais il n'était pas là; seule la chaise, à laquelle on n'avait pas touché depuis longtemps, était encore au même endroit. Je vis la touffe de lilas baignée des ardeurs éclatantes du soleil couchant; l'air frais du crépuscule affluait autour de moi. Alors, je m'accoudai sur le piano, je plongeai mon visage dans mes deux mains et je songeai. Longtemps je restai ainsi, toute à mon passé douloureux, avec la conscience de l'irréparable et toujours je songeai. Était-il donc possible que j'en eusse fini avec la vie!

Et pour ne plus me souvenir, pour ne plus penser, je repris l'andante. Mon Dieu! me disais-je, pardonne-moi si je suis coupable, rends-moi ce qui était si beau et enseigne-moi ce que je dois faire et comment je dois vivre!

Un bruit de roues se rapprocha, puis un pas bien connu s'avança prudemment sur la terrasse, et le silence redevint aussi grand. La venue de ce pas n'éveilla rien en moi de ce que j'avais éprouvé autrefois. Quand j'eus fini de jouer, le pas était derrière moi et une main se posa sur mon épaule.

— C'est une heureuse idée que tu as eue de jouer cette sonate, dit-il.

Je gardai le silence.

— Tu n'as pas encore pris le thé?

Je secouai la tête négativement, mais sans

me retourner, afin qu'il ne vît pas l'altération de mes traits.

— Katia et Sonia seront ici dans quelques instants. Le cheval s'est cabré, et elles ont préféré revenir à pied par la route.

— Attendons-les.

Et je passai sur la terrasse dans l'espoir qu'il m'y suivrait; mais il s'informa des enfants et s'en fut les retrouver. Cette fois, au son de sa voix amicale, il m'avait bien semblé que rien encore n'était perdu. Que puis-je désirer? me dis-je, il est doux et bon, excellent père, excellent époux. Sais-je moi-même ce qu'il me faut? Je m'assis sous la tente, sur le même banc où j'avais pris place le jour de nos aveux. Le soleil était couché et la nuit commençait à descendre. Un gros nuage planait au-dessus de la maison et du jardin; à travers les branches des arbres, on distinguait encore une dernière lueur à l'horizon, avec le scintillement de Vénus. L'ombre du nuage pesait sur tout le paysage tenu dans l'attente d'une pluie bienfaisante; le vent était tombé complètement, et pas une feuille, pas un brin d'herbe qui remuât. Les lilas et les merisiers exhalaient un parfum si pénétrant que l'atmosphère en était tout imprégnée, et ces odeurs pénétrantes m'arrivaient par vagues, tantôt lourdes, tantôt légères, de sorte que j'avais envie de fermer les yeux, de ne plus rien voir, de ne plus rien entendre, pour aspirer longuement ces parfums enivrants. Les dahlias et les rosiers, sans fleurs encore, s'alignaient au milieu des planches fraîchement retournées, semblant se hisser peu à peu le long de leurs tuteurs; les grenouilles coassaient à pleine voix, comme pour profiter des derniers instants avant la pluie qui les mettrait en fuite. Un rossignol avait fixé sa résidence dans le massif sous les fenêtres, et, quand je m'avançai, il s'envola brusquement vers l'allée et me jeta quelques notes, pour garder ensuite un silence attentif. En vain, j'essayai de reprendre du calme ; moi aussi je protestais et j'attendais. Il revint enfin et s'assit près de moi.

— Je crois que nous aurons de l'eau, dit-il. Katia et Sonia seront mouillées.

— Oui.

Et tous deux nous retombâmes dans notre mutisme. Le nuage arrêté au-dessus de nous descendait, la nature restait immobile, plus parfumée que jamais. Tout à coup une goutte frappa la tente et rebondit, une seconde s'écrasa au milieu du chemin, et la pluie commença, se faisant de plus en plus abondante. Les rossignols et les grenouilles s'étaient tus. On n'entendait plus que le bruissement de l'eau, amoindri et rendu lointain par le bruit de la pluie, mais perceptible toujours. Quelque part, un oiseau, qui devait s'être mis à l'abri près de la terrasse, répétait un cri monotone — deux notes toujours les mêmes. Serge Michaïlovitch se leva pour partir.

— Où vas-tu? fis-je en le retenant, on est si bien ici.

— Il faut que j'envoie un parapluie et des galoches à Katia et à Sonia.

— C'est inutile, la pluie va cesser.

Il me donna raison et nous restâmes debout, au bord de la terrasse.

Je posai mon bras sur la balustrade et j'avançai la tête, livrant mes cheveux et mon cou à l'ondée : le nuage se fondit au-dessus de nous.

Enfin, au crépitement régulier de la pluie succéda le bruit des gouttes glissant du feuillage sur le sol. Les grenouilles se firent entendre de nouveau, de nouveau les rossignols élevèrent la voix et se répondirent de place en place : le paysage entier s'éclaira.

— Que c'est beau, dit-il, et, se penchant il passa la main sur mes cheveux humides.

Cette simple caresse m'émut autant qu'un reproche et je fus près de pleurer.

— Que faut-il de plus à l'homme ? reprit-il ; en ce moment, je suis si heureux que je ne désire rien. Mon bonheur est parfait.

— Tu ne parlais pas ainsi quand il s'agissait du mien, pensai-je ; si grand que fût le tien alors, tu en réclamais un plus grand encore. Maintenant, te voilà calme et satisfait, tandis que mon cœur est tout gonflé de regrets inexprimables et de larmes refoulées.

— Oui, c'est beau, répliquai-je, mais je suis attristée de voir tout si beau autour de moi. Je sens un tel vide en moi que je désire sans cesse. Et pourtant tout est beau, tout est serein. Est-il donc possible qu'une souffrance ne se mêle plus aux jouissances qui nous viennent de la nature ? Ainsi, toi, par exemple, ne regrettes-tu rien du passé ?

Il retira sa main qui reposait sur ma tête et garda un instant le silence.

— Oui, autrefois, cela m'est arrivé, surtout au printemps. J'ai passé des nuits entières en proie à des désirs, à des espoirs. Quelles douces nuits ! Mais alors j'avais devant mes pas l'avenir, que j'ai derrière moi à présent. Maintenant, je jouis de ce qui est et cela me suffit.

Il avait prononcé ces derniers mots d'une voix si calme et si assurée, que je dus le croire, malgré ce que je souffrais de l'entendre parler ainsi.

— Ainsi, tu ne désires plus rien?

— Rien d'impossible, répliqua-t-il, pénétrant ma pensée, mais toi..., comme te voilà mouillée! s'interrompit-il en renouvelant sa caresse, toi tu es jalouse des feuilles, des brins d'herbe qui reçoivent la pluie... tu voudrais être la feuille, le brin d'herbe et la pluie tout à la fois. Moi, j'en jouis comme de tout ce qui est jeune, beau, heureux en ce monde.

— Et tu ne regrettes rien du passé?

insistai-je, sentant un poids de plus en plus lourd m'écraser la poitrine.

Il devint pensif et resta muet un instant avant de répondre : il voulait que cette réponse fût franche et nette.

— Non, dit-il enfin d'un ton bref.

— Ce n'est pas vrai! m'écriai-je en le regardant dans les yeux. Vraiment, tu ne regrettes pas le passé ?

— Non, je le bénis, je ne le regrette pas.

— Et tu ne désires pas le revivre ?

— Autant désirer qu'il me poussât des ailes. C'est impossible.

— Tu ne le désirerais pas meilleur? Tu ne fais de reproches ni à toi ni à moi?

— Non, tout a été pour le mieux.

— Écoute, dis-je en lui prenant la main, pourquoi ne m'as-tu jamais exprimé ce que tu voulais de moi ? J'aurais pu vivre comme tu le désirais. Pourquoi m'as-tu laissé ma liberté dont je ne savais user? Pourquoi as-tu cessé de me guider ? Si tu avais voulu il ne serait rien arrivé, rien...

J'avais parlé d'une voix de plus en plus étouffée par le dépit, mais dans laquelle rien ne se retrouvait de notre ancien amour.

— Qu'est-il arrivé? demanda-t-il en me regardant d'un air étonné, rien. Tout est bien, très bien.

— Ne me comprend-il pas où ne veut-il pas me comprendre! pensai-je, tandis que mes yeux se remplissaient de larmes. Ce qui est arrivé? repris-je, c'est que, sans m'être rendue coupable de quoi que ce soit envers toi, je suis victime de ton indifférence, de ton mépris même ; c'est que sans que je l'aie mérité, tu m'as pris tout ce qui m'était le plus cher.

— Que dis-tu là ? chère enfant, s'écria-t-il.

— Non, laisse-moi aller jusqu'au bout. Tu m'as repris ton amour, ta confiance, jusqu'à ton estime. Après ce qui est arrivé, je ne puis plus croire que tu m'aimes. Non laisse, je veux dire tout ce que j'ai là depuis longtemps, continuai-je, comme il faisait mine de m'interrompre ; est-ce ma faute si je ne connaissais pas la vie et si tu m'as laissée faire seule mon initiation ? Est-ce ma faute si, malgré les efforts que je fais depuis un an pour me rapprocher de toi, tu me repousses et feins de ne pas me comprendre ? Et tout cela de telle façon que je n'aie pas un reproche à te faire, que je paraisse coupable et que je sois malheureuse. Oui, tu veux me rejeter dans cette existence, pour mon malheur et pour le tien.

— De quoi tires-tu cette conclusion? demanda-t-il, surpris et effrayé.

— Ne m'as-tu pas dit hier, hier et toujours, que nous ne pouvions pas rester ici, que nous devions retourner à Pétersbourg, une ville qui m'est odieuse! Au lieu de me soutenir, tu évites toute explication franche, tu me refuses toute bonne parole. Et si je tombe jamais, tu me le reprocheras et tu seras heureux de ma chute.

— Assez, fit-il, d'un ton sévère et dur, ce que tu dis là est mal. Cela prouve qu'en ce moment tu es irritée contre moi, que tu...

— Que je ne t'aime plus! Dis-le, dis-le donc! ajoutai-je, et, mes larmes s'étant mises à couler, je m'assis sur le banc et cachai mon visage dans mon mouchoir.

Voilà comment il me comprend, pensai-je, en comprimant les sanglots qui menaçaient de m'étouffer. C'en est fait de notre amour. Il ne vient pas à mon secours, il ne veut pas me consoler. Mes paroles l'ont blessé et sa voix reste froide et impassible.

— Je ne sais ce que tu as à me reprocher, reprit-il, si ce n'est que je ne t'aime plus comme autrefois.

— Plus comme autrefois!...

— Mais en ceci le temps et nous-mêmes sommes les grands coupables. A chaque phase de la vie correspond une phase de l'amour — il se tut un instant. — Tu fais appel à ma franchise; veux-tu que je dise toute la vérité? L'année que je te connus, je passai des nuits nombreuses dans l'insomnie, à ne penser qu'à toi, à refaire sans cesse l'édifice de mon amour, à sentir cet amour envahir mon cœur. Mais à Pétersbourg et à l'étranger, j'ai eu d'autres nuits d'insomnie pendant lesquelles je m'évertuai à détruire cet amour, ma souffrance et mon martyre. Je n'ai pu y parvenir. Cependant, j'ai su détruire ce qui en lui me faisait souffrir. Le calme m'est revenu. Je t'aime toujours, mais d'un amour différent.

— Et tu appelles amour ce qui n'est qu'un tourment. Pourquoi m'as-tu permis de vivre dans le monde si le monde te paraissait pernicieux au point de te faire renoncer à m'aimer ?

— Le monde n'y est pour rien, chère amie.

— Pourquoi ne m'as-tu pas enchaînée, tuée ? Cela eût été préférable pour moi, car, au moins, je n'aurais pas perdu tout ce qui était mon bonheur et j'aurais eu la honte en moins.

Et je me remis à sangloter, cachant mon visage. Sonia et Katia parurent en ce moment sur la terrasse ; elles causaient gaiement et riaient. Lorsqu'elles nous aperçurent, elles se turent et se retirèrent aussitôt. Pendant longtemps nous gardâmes le silence. Mes larmes me soulagèrent ; enfin je le regardai. Il avait la tête appuyée sur sa main ; il parut vouloir me dire quelque chose en réponse à mon regard, mais il soupira fortement et pencha la tête. Je m'approchai de lui et j'écartai sa main. Pensifs, ses yeux se tournèrent vers moi.

— Oui, dit-il, pour nous tous, mais surtout pour vous autres, femmes, il est indispensable d'épuiser tout ce qu'il y a de folie dans la vie avant d'arriver à ses véritables jouissances. Et l'expérience d'autrui ne profite à personne. Tu n'avais pas trempé tes lèvres dans ses séductions, je n'avais pas le droit de t'en priver, bien qu'elles fussent sans charme pour moi depuis longtemps.

— Pourquoi as-tu partagé ces folies avec moi ? Pourquoi m'as-tu permis de m'y livrer si tu m'aimais ?

— Tu n'aurais pas voulu, tu n'aurais pas pu me croire. Il te fallait les connaître par toi-même et tu les as connues.

— Tu as beaucoup philosophé, par la simple raison que tu m'aimais peu.

— Ce que tu me dis là est cruel, reprit-il après un silence, en se levant pour aller et venir sur la terrasse et s'arrêter enfin devant moi; c'est cruel, mais c'est vrai.

Je suis coupable. Ou je devais ne pas te permettre de m'aimer, ou t'aimer plus simplement.

— Oublions tout, proposai-je timidement.

— Non. Ce qui est parti est parti pour toujours. On ne revient pas sur le passé.

Et sa voix s'attendrit.

— Tout est revenu, fis-je, en lui posant une main sur l'épaule : il prit ma main et la baisa.

— Non, je ne te disais pas la vérité en affirmant que je ne regrettais pas le passé. Je regrette, je pleure ton amour, cet amour qui n'est plus et qui ne peut plus être. A qui la faute? Je l'ignore. L'amour existe encore, mais ce n'est plus le même. La place de l'autre est toujours là, déchirée et douloureuse, inerte. Le souvenir, la reconnaissance sont restés, mais...

— Ne parle pas ainsi : les choses peuvent redevenir ce qu'elles ont été. C'est possible, n'est-ce pas ?

Et je plongeai mon regard dans ses yeux qui étaient calmes et sereins. Mais je n'avais pas fini que je sentais déjà l'irréalisabilité de ce que je désirais et demandais. Il eut un sourire, un sourire doux et paisible comme un sourire de vieillard.

— Que tu es jeune encore et que je suis vieux déjà. Il n'y a rien en moi de ce que tu cherches : pourquoi se faire illusion ?

Debout près de lui, je restais silencieuse pendant que la paix se faisait en moi.

— N'essayons pas de recommencer la vie, ne tentons pas de nous duper nous-mêmes. Dieu merci, c'est beaucoup déjà d'être libres de troubles et d'agitations. Nous n'avons plus rien à chercher, nous n'avons aucune raison de nous emporter. Nous connaissons la part de bonheur qui nous est échue. Ce qu'il nous reste à faire, c'est d'aplanir les voies pour celui-là.

Et du geste il me montra Vania sur les bras de la bonne qui s'était approchée. Puis se penchant sur moi et me donnant un baiser, il conclut :

— Voilà, chère amie, ce que nous avons à faire.

Ce baiser était celui, non d'un amant, mais d'un vieil ami.

Les parfums du jardin venaient à nous, de plus en plus pénétrants, tandis que le concert des voix lointaines se faisait plus large et plus solennel et que le ciel s'embrasait d'étoiles. Je le regardai, et tout à coup le calme fut complet en moi, comme si on m'eût enlevé un nerf malade, siège de mon mal et de ma douleur. Je compris que le sentiment enfin avait disparu pour toujours et que son retour ne m'eût valu que souffrances... Cette époque de ma vie avait été si douce, si heureuse... et elle était si loin déjà...

— Mais il est temps de prendre le thé ! dit-il à demi-voix, et nous rentrâmes au salon.

Sur le seuil, je rencontrai la nourrice portant Vania. Je lui pris l'enfant dont j'enveloppai soigneusement les petits pieds nus et je le serrai contre moi. Déjà tout endormi il agita ses mains aux doigts écartés et entr'ouvrit ses yeux ternes comme s'il eût cherché à se souvenir. Puis tout à coup ils s'arrêtèrent sur moi, une étincelle d'intelligence y brilla et ses lèvres s'écartèrent dans un sourire.

— Oh! toi, tu es à moi !... pensai-je, et un frissonnement de bonheur courut dans tous mes membres.

Puis je me mis à couvrir de baisers ses pieds, son corps, ses mains, sa tête aux rares cheveux. Mon mari s'approcha : vivement je voilai le visage de l'enfant.

— Ivan Serghévitch! dit-il en lui prenant le menton.

Mais j'avais recouvert le petit Ivan : nul autre que moi ne devait le contempler longuement. Je regardai mon mari : ses yeux me rirent en se fixant sur moi, et, pour la première fois depuis bien des mois, cela me fit du bien de le regarder.

Ce jour-là finit mon roman. L'amour d'autrefois est resté pour moi un précieux souvenir, quelque chose dont le retour est impossible. Un nouveau sentiment pour mes enfants et le père de mes enfants fut le début d'une nouvelle vie où je trouvai un bonheur différent dont je n'ai pas encore touché le terme...

FIN

Émile Colin. — Imprimerie de Lagny.

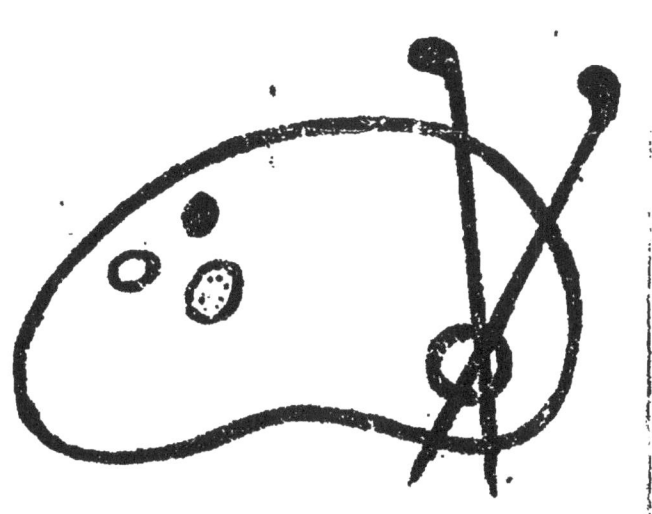

Original en couleur
NF Z 43-120-8.

www.ingramcontent.com/pod-product-compliance
Lightning Source LLC
Chambersburg PA
CBHW060228190426
43200CB00040B/1683